1 五年生の復習①

月　日　名前

始め　時　分　終わり　時　分　かかった時間　分　得点　点

1 (　)に合う言葉を、[　]から選んで書きま

4点)

① 負けた経験があったから(　　　)今日勝てなく

② 今日(きょう)は、昨日(きのう)(　　　)寒くはなかった。

③ 休日に家族で出かけたが、兄(　　　)出かけなかった。

④ たくさん買って、電車賃(でんしゃちん)(　　　)残っていなかった。

ほど・こそ・しか・だけ

2 次の言葉で、和語には「和」を、漢語には「漢」を、外来語には「外」を書きましょう。(一つ4点)

① ランプ……(　　)　② とび箱………(　　)

③ 入場者……(　　)　④ 学級新聞……(　　)

⑤ かき氷……(　　)　⑥ コンパス……(　　)

3 次の言葉を組み合わせて、一つの言葉(複合語)を作り、ひらがなで書きましょう。(一つ4点)

① [泣く] + [顔] → (　　　)

② [船] + [底] → (　　　)

4 慣用句を使った次の文の（　）に合う言葉を、［　］から選んで書きましょう。（一つ4点）

1. （　　）もつかず、最後までいっきに作文を書き上げた。
2. 展開(てんかい)のはげしいドラマを見て、（　　）にあせをにぎる。
3. 部屋(へや)が散らかっていて、（　　）のふみ場もない。
4. 美しい風景画に（　　）をうばわれる。
5. 友達とけんかしたが、たがいに（　　）に流した。

［足・息・水・目・手］

5 □と読む漢字を書きましょう。（一つ4点）

1. さい
   - 試合を□開(かい)する。
   - 国(こく)□的(てき)な会議。
2. せい
   - 明るい□格(かく)の人。
   - 入場者を□限(げん)する。
3. つと(める)
   - 早起きに□める。
   - 委員長を□める。
4. やぶ(れる)
   - 相手チームに□れる。
   - 本の表紙が□れる。

3では、組み合わせるときに音(おん)や形が変わるので、できた言葉を声に出して読んでみよう！

2

五年生の復習②

月　日　名前

始め　時　分　終わり　時　分　かかった時間　分　得点　点

1 次の成り立ちに合う漢字を、[　]から二つずつ選んで書きましょう。（一つ4点）

❶ 目に見えるものの形を、具体的にえがいてできた漢字。（象形文字）（　）（　）

❷ 目に見えないことがらを、印などを使って表した漢字。（指事文字）（　）（　）

❸ 二つ以上の漢字の意味を組み合わせてできた漢字。（会意文字）（　）（　）

❹ 意味を表す部分と音を表す部分を組み合わせた漢字。（形声文字）（　）（　）

火・明・下・河・本・象・信・粉

2 ——の言葉の送りがなを書きましょう。（一つ4点）

❶ かんとくがチームの選手をみちびく。　導（　）

❷ 友人からのさそいをことわる。　断（　）

❸ いきおいよくボールを投げる。　勢（　）

❹ 木かげでは、こころよい風がふいていた。　快（　）

❺ 答えがまちがっていないかたしかめる。　確（　）

3 次の組み合わせに合う熟語(じゅくご)を、[　]から二つずつ選んで書きましょう。（一つ3点）

① 似た意味の漢字の組み合わせ。〈例〉回転
（　　）（　　）

② 反対(対(つい))の意味の漢字の組み合わせ。〈例〉強弱
（　　）（　　）

③ 上の漢字が下の漢字を修飾(しゅうしょく)する組み合わせ。〈例〉高山
（　　）（　　）

④ 「〜に」「〜を」にあたる漢字が下にくる漢字の組み合わせ。〈例〉作曲
（　　）（　　）

⑤ 打ち消す意味の漢字が上にくる組み合わせ。〈例〉不満
（　　）（　　）

未知 ・ 丸薬 ・ 着席 ・ 損得 ・ 増加
花粉 ・ 表現 ・ 無害 ・ 救命 ・ 往復

4 ——の言葉の敬語(けいご)を、[　]から選んで書きましょう。（一つ6点）

① お客様がおみやげをくれる。
（　　）

② 先生のご都合をたずねる。
（　　）

③ 校長先生が教室に来る。
（　　）

申し上げる ・ くださる ・ 参る
おっしゃる ・ いらっしゃる ・ うかがう

3は、それぞれの漢字がどんな意味かを考えることが大切だよ。訓読みのある漢字は、訓読みで考えてみよう。

3 反対の意味の言葉

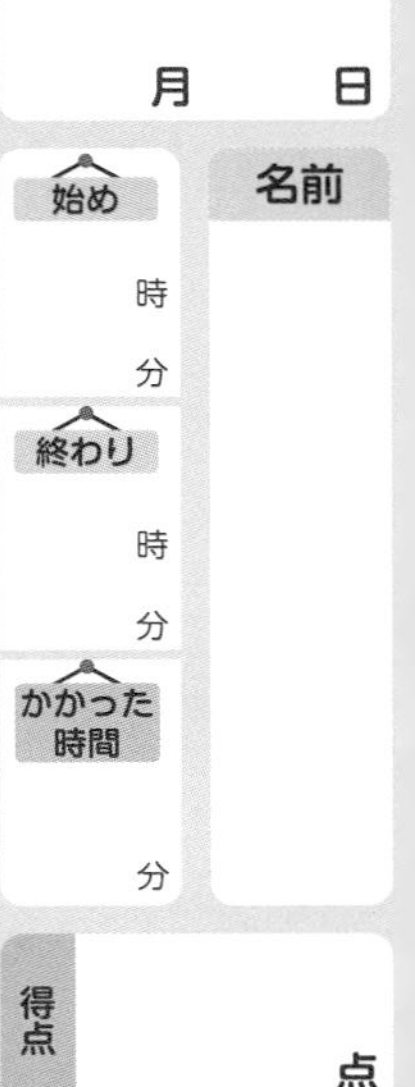

月　日

名前

始め　時　分

終わり　時　分

かかった時間　分

得点　点

5年生のおさらい!

1 □と反対の意味の言葉を、（　）に書きましょう。（一つ6点）

① セーターが［のびる］。（　　）

② 会う機会を［得る］。（　　）

③ ［反対］する人が少ない。（　　）

④ 機能が［向上］する。（　　）

⑤ ［多数］の意見を尊重（そんちょう）する。（　　）

2 □と反対の意味の言葉を、［　］から選んで書きましょう。（一つ6点）

① 市の人口が［減る］。↔（　　）

② ［難（むずか）しい］クイズ。↔（　　）

③ かさを［貸す］。↔（　　）

④ ねこが［近寄る］。↔（　　）

加える ・ 増える ・ 易しい ・ 苦しい

借りる ・ 混ざる ・ 近づく ・ 遠ざかる

3 □と反対の意味の言葉になるように、□に合う漢字を[ ]から選んで書きましょう。（一つ5点）

1. 危険（きけん）な山道。 ↔ 安□な道具を使う。
2. 二対一で勝利する。 ↔ 一対二で敗□する。

心・静・全・因・北・戦

4 □と反対の意味の言葉を、□□に書きましょう。（一つ6点）

1. 果物（くだもの）を輸入する。 ↔ 果物（くだもの）を□□する。
2. 現地で解散する。 ↔ 現地で□□する。
3. 人口が減少する。 ↔ 人口が□□する。
4. 簡単（かんたん）な仕組み。 ↔ □□な仕組み。
5. 間接的に話を聞く。 ↔ □□、話をする。
6. 地図を縮小（しゅくしょう）する。 ↔ 地図を□□する。

二字の熟語（じゅくご）の反対の意味の熟語（じゅくご）には、二字のうち、一字が同じ漢字を使うものと、二字ともちがう漢字を使うものがあるよ。

4 似た意味の言葉

月　日
名前
始め　時　分
終わり　時　分
かかった時間　分
得点　点

1 □と似た意味の言葉を、⬚から選んで書きましょう。（一つ6点）

① 学級全員の［同意］を得る。（　　）

② 問題を解決する［方法］を考える。（　　）

③ 野菜の［値段（ねだん）］が上がる。（　　）

④ 友人の［親切］に感謝する。（　　）

手段（しゅだん）・好意・価格・賛成

文を書く力 **2** ——の言葉と似た意味の言葉を⬚から選んで、◯で囲みましょう。また、その言葉を使って、絵に合う文を作りましょう。（両方できて一つ9点）

① 明日（あす）の遠足の用意をする。

実験用具

基準・標準・準備

（休み時間に、　　）

② 医療（いりょう）技術が進歩する。

交通機関

新型車両

発行・発達・発見

（　　）

3 ——の言葉の使い方が正しい文に、〇をつけましょう。（一つ6点）

1
（　）痛かった虫歯を処理してもらう。
（　）痛かった虫歯を処置してもらう。

2
（　）よく見ると、ガラスがかすかによごれている。
（　）よく見ると、ガラスがほのかによごれている。

3
（　）師匠とあおがれ、多くの門下生が集まる。
（　）師匠とあおられ、多くの門下生が集まる。

4 文を書く力

次の言葉の意味のちがいがはっきりするように、短い文を作りましょう。（一つ10点）

1
① さけぶ
（　　　　　　　　　　）
② どなる
（　　　　　　　　　　）

2
① ささやく
（　　　　　　　　　　）
② つぶやく
（　　　　　　　　　　）

3 **4** のように、似た意味の言葉でも、同じ文で使えないことがあるよ。それぞれの言葉の意味を確かめておこう！

5 和語・漢語・外来語①

月　日

名前

始め　時　分
終わり　時　分
かかった時間　分

得点　点

1 □の言葉を、和語と漢語に分けて書きましょう。（一つ2点）

花火・言語・会合・共食い
役者・草花・氏名・位取り
形見・図工・節目・飲食物

「和語」は訓読みをする言葉、「漢語」は音読みをする言葉だよ。

❶ 和語　（　）・（　）・（　）　（　）・（　）・（　）

❷ 漢語　（　）・（　）・（　）　（　）・（　）・（　）

2 和語に○を、漢語に□をつけ、読み方を〔　〕に書きましょう。（一つ2点）

❶ 物色（　）〔　〕　色物（　）〔　〕

❷ 石庭（　）〔　〕　庭石（　）〔　〕

❸ 品物（　）〔　〕　物品（　）〔　〕

❹ 音波（　）〔　〕　波音（　）〔　〕

❺ 風雨（　）〔　〕　雨風（　）〔　〕

❻ 手旗（　）〔　〕　旗手（　）〔　〕

3 次の和語と漢語で、□に和語しかふつう使わない文を二つずつ選んで、○をつけましょう。（一つ3点）

❶ 「時(とき)」と「時間」。

ア（　）□のたつのも忘(わす)れて遊び回った。

イ（　）先日、図書館に行った□、友子(ともこ)さんに会った。

ウ（　）楽しいことをしているときは、□が過ぎるのが早い。

エ（　）この写真は、五年生の□の遠足でとったものです。

❷ 「人(ひと)」と「人間」。

ア（　）□の体の仕組みを表した図を見る。

イ（　）□のうわさなどは気にしなくてよい。

ウ（　）□は、いろいろな道具を使って生活している。

エ（　）□とほかの動物とのちがいを調べる。

オ（　）□には言えないなやみが解決した。

4 ――の和語と、意味の似た漢語を書きましょう。（一つ4点）

❶ 海辺にすむ生き物を、図かんで調べた。→（　　）

❷ 花だんの周りを、木のさくで囲った。→（　　）

❸ この薬は、腹痛(ふくつう)に効き目がある。→（　　）

❹ 役所の許しをもらって、建物の中に入った。→（　　）

似た意味の和語と漢語でも、文によってはどちらかしか使えない場合もあるよ。使い方や語感のちがいに注意しよう。

6 和語・漢語・外来語②

月　日　名前

始め　時　分　終わり　時　分　かかった時間　分　得点　点

1 次の組み立てに合う言葉を［　］から選んで、記号を書きましょう。（一つ2点）

① 和語……（　）・（　）

② 漢語……（　）・（　）

③ 外来語……（　）・（　）・（　）

④ 和語と漢語……（　）・（　）・（　）

⑤ 和語と外来語……（　）・（　）・（　）

⑥ 漢語と外来語……（　）・（　）・（　）

カタカナの言葉は外来語、漢字の訓読みは和語、漢字の音読みは漢語というように分類して、言葉の組み立てを考えよう！

ア 洋服	イ 歯ブラシ	ウ ゲーム	エ 急ブレーキ
オ 駅前	カ 昼休み	キ メモ帳	ク 窓（まど）ガラス
ケ 内側	コ 大型車	サ 感想文	シ アルカリ性
ス ベル	セ 待合室	ソ 消しゴム	タ キッチン

2 ——の言葉を、外来語で書きましょう。（一つ5点）

① おどりの発表会に参加した。→（　）

② 学級の代表者を決める。→（　）

③ 旅行に写真機を持っていく。→（　）

④ 百貨店で買い物をする。→（　）

3 次の外来語は、どの言葉から入ってきたものですか。［　］から選んで、書きましょう。（一つ6点）

1 パン・カステラ・ボタン……（　　）

2 ガーゼ・ワクチン・カルテ……（　　）

3 オムレツ・クレヨン・デッサン……（　　）

4 ソプラノ・ピアノ・テンポ……（　　）

5 ニュース・スポーツ・カード……（　　）

フランス語・英語・イタリア語・ポルトガル語・ドイツ語

4 次の言葉の感じのちがいを［　］から選んで、記号を書きましょう。（一つ6点）

1 宿屋（和語）……（　　）

2 旅館（漢語）……（　　）

3 ホテル（外来語）（　　）

ア　一般的（いっぱんてき）には、建物の大きさや規模（きぼ）は宿屋より大きいが、日本的な感じがする宿泊所（しゅくはくじょ）。

イ　建物や部屋（へや）の造り、食事などが洋風な感じがする宿泊所（しゅくはくじょ）。

ウ　日本に昔からある宿で、建物や部屋（へや）の造り、食事などが日本式な感じがする宿泊所（しゅくはくじょ）。

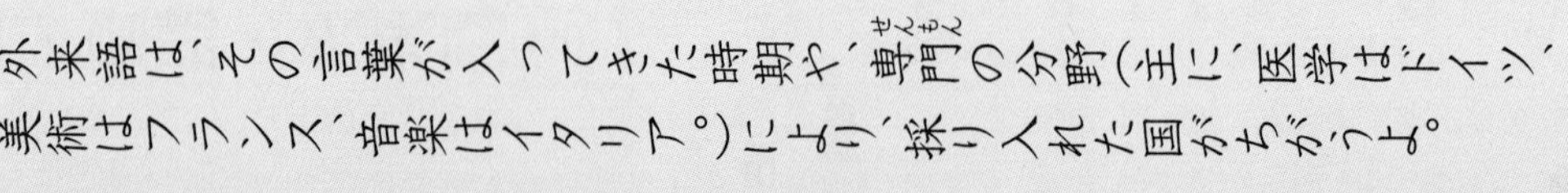

外来語は、その言葉が入ってきた時期や、専門（せんもん）の分野（主に、医学はドイツ、美術はフランス、音楽はイタリア。）により、採り入れた国がちがうよ。

7 言葉の組み立て

1 次の言葉の中で、▮の言葉の働きが一つだけちがうものがあります。その言葉を、◯で囲みましょう。（一つ3点）

❶ ［おかし・おすし・おわり・お茶］

❷ ［味み・深み・厚み・悲しみ］

❸ ［寒さ・青さ・検さ・静かさ］

❹ ［私(わたし)たち・なりたち・友人たち・動物たち］

❺ ［す足・す顔・す通り・すきま］

上につくものを「接頭語(せっとうご)」、下につくものを「接尾語(せつびご)」というよ。

2 〔めく・にくい・さ〕を言葉の下につけて、物や人、ことがらの名前を表す言葉（名詞(めいし)）は動きや存在(そんざい)を表す言葉（動詞(どうし)）に、動詞(どうし)は名詞(めいし)について様子を表す言葉（形容詞(けいようし)）に、形容詞(けいようし)は名詞(めいし)に書きかえましょう。（一つ3点）

〈例〉 春→（春めく）　出る→（出にくい）　強い→（強さ）

❶ 色 →（　　　　）　❷ 苦しい →（　　　　）

❸ 暑い →（　　　　）　❹ なぞ →（　　　　）

❺ 来る →（　　　　）　❻ 当てる →（　　　　）

❼ 行く →（　　　　）　❽ 冷たい →（　　　　）

❾ 時(とき) →（　　　　）　❿ 若(わか)い →（　　　　）

3 〔　〕の言葉を、「ひっ――」か「ぶっ――」の形にかえて、（　）に書きましょう。（一つ3点）

〈例〉〔かぶる〕…水を（ひっかぶる）。

1 〔はたく〕……おしりをパンと（　　）。

2 〔こわす〕……せと物の貯金箱を（　　）。

3 〔はがす〕……部屋(へや)のポスターを（　　）。

4 〔たおれる〕……かみなりで大木が（　　）。

5 〔つかまえる〕…いたずらギツネを（　　）。

4 次の言葉を組み合わせて複合語を作り、ひらがなで書きましょう。（一つ5点）

1 雨＋宿り（　　）

2 背(せ)＋骨(ほね)（　　）

3 線路＋沿(そ)い（　　）

4 紙＋包み（　　）

5 会社＋勤(つと)め（　　）

6 船＋底（　　）

文を書く力

5 次の複合語を使って、短い文を作りましょう。（一つ5点）

1 心苦しい（　　）

2 もの悲しい（　　）

組み合わさった言葉は、元の言葉（単語）に直してみると、意味がわかりやすくなるよ。また、言葉の働き（品詞(ひんし)）が変化するものにも注意しよう！

8 仕上げドリル①

月　日　名前

始め　時　分　終わり　時　分　かかった時間　分　得点　点

1 □の文章を読んで、後の問題に答えましょう。

今年(ことし)の夏に、バスケットボールの①最後の大会がある。

ぼくは四年生のころに②入部し、五年生の冬からはレギュラーになった。チームは練習試合で③連敗を続けている。

それでも、夏の大会の目標は優勝(ゆうしょう)だ。達成するのは④困難(こんなん)かもしれないが、よい成績を残すことができるよう、日々⑤前進している。

六年生になって勉強も⑥難(むずか)しくなったが、部活と両立させたい。

1 次の言葉と反対の意味の言葉を書きましょう。（一つ5点）

① 最後 ↔（　　　）　② 入部 ↔（　　　）

③ 連敗 ↔（　　　）　④ 困難(こんなん) ↔（　　　）

⑤ 前進 ↔（　　　）　⑥ 難(むずか)しい ↔（　　　）

2 「目標」と意味の似た言葉を選んで、◯で囲みましょう。（10点）

［ 目前 ・ 目的 ・ 注目 ］

3 外来語を三つ見つけて、——を引きましょう。（全部できて10点）

2 □の文章を読んで、後の問題に答えましょう。

日曜日、友達と花見に行ったときのことです。

桜が満開だったこともあり、公園のあちこちではシートがしかれ、どこも盛（も）り上（あ）がっていました。わたしたちも、きれいな桜を見ながら楽しんでいました。

でも、いっきに悲しくなりました。公園のいたるところにごみが落ちていたからです。おかしの包み紙や空きかんなど、花見をしていた人たちが置いていったものだと思います。

楽しむのはよいけれど、ルールは守ってもらいたいと思いました。

1 ――の言葉を、「和語」「漢語」「外来語」に分けて書きましょう。（一つ5点）

① 和語（　　　）（　　　）

② 漢語（　　　）（　　　）

③ 外来語（　　　）（　　　）

2 次の言葉を、二つの言葉に分けて書きましょう。（一つ10点）

〈例〉とびはねる→（とぶ＋はねる）

① 盛（も）り上（あ）がる→（　　＋　　）

② 空きかん→（　　＋　　）

反対の意味の言葉や似た意味の言葉は、いっしょに覚えて作文などで使えるようにしよう。

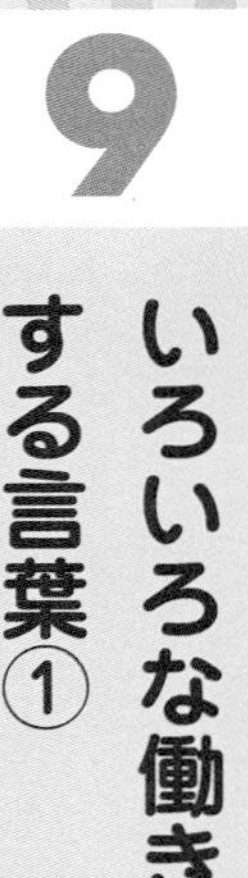

9 いろいろな働きをする言葉①

月　日　名前

始め　時　分　終わり　時　分　かかった時間　分

得点　点

1 次の言葉の意味を下から選んで、記号を書きましょう。（一つ3点）

1. 感めい（　　）
2. めいわく（　　）
3. 破かい（　　）
4. ゆとり（　　）
5. たいくつ（　　）
6. イメージ（　　）

ア　こわすこと。こわれること。
イ　何もすることがなく、ひまなこと。
ウ　わすれられないほどに、心に深く感じること。
エ　とても感心してほめること。
オ　心に思いえがいたすがたや形。
カ　いやな目にあい、こまること。
キ　きゅうくつでなく、よゆうがあること。

2 太字の言葉の意味を下から選んで、•—•で結びましょう。（一つ3点）

1. 愛犬の死に心が**みだれる**。・
2. かみの毛が**みだれる**。・
3. 世の中が**みだれる**。・

・ア　ばらばらになる。
・イ　平和でなくなる。
・ウ　いい物を選ぶ。
・エ　思い迷う。平静でなくなる。

3 次の言葉と、反対（対〔つい〕）の意味の言葉を書きましょう。（一つ3点）

1. 開く ⟷（　　）
2. 乗る ⟷（　　）
3. 横断 ⟷（　　）
4. 貧しい ⟷（　　）
5. 支出 ⟷（　　）
6. 有害 ⟷（　　）
7. 短縮〔たんしゅく〕 ⟷（　　）
8. 寒冷 ⟷（　　）

4 聞いただけではわかりにくい次の言葉を、〈例〉のように、わかりやすい言葉に書きかえましょう。（一つ3点）

〈例〉 急行→（急いで行く）　開店→（店を開く）

1 加入→（　　）　2 骨折→（　　）

3 防止→（　　）　4 負傷→（　　）

5 決定→（　　）　6 海底→（　　）

7 続行→（　　）　8 再会→（　　）

5 ――の言葉と似た意味の言葉を、〔　〕から一つ選んで書きましょう。（一つ5点）

1 今日は、二時間、国語の勉強をした。……（　　）
〔学生・研究・学習・見学〕

2 姉は、スポーツのことに興味がない。……（　　）
〔関係・関心・関連・機関〕

3 係の人が、給食の準備をする。……（　　）
〔用意・注意・意外・意志〕

4 時代に合わなくなった制度を改善する。…（　　）
〔改札・改心・改正・改悪〕

5 国の代表としての重大な使命を果たす。…（　　）
〔任期・任務・任命・委任〕

反対（対）の意味の言葉を「対義語」、似た意味の言葉を「類義語」というよ。

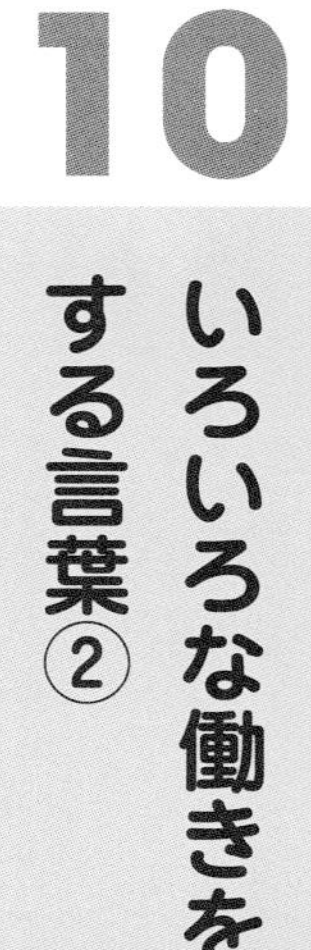

10 いろいろな働きをする言葉②

1 ――の言葉の意味に合うものを［　］から選んで、記号を書きましょう。（一つ5点）

① 姉は、いそいそと出かける用意をしている。……（　）

② 知らない人が、家の近くをうろうろしていた。……（　）

③ 不満をすべてぶつけて、せいせいとした気分になった。…（　）

④ 坂本（さかもと）君は、大勢の前で、どうどうと自分の意見を述べた。（　）

ア　自信を持って行う様子。　イ　あちこちと歩き回る様子。
ウ　簡単（かんたん）に行う様子。　エ　うれしさで動作がはずんでいる様子。
オ　さっぱりとして気持ちのよい様子。　カ　さわがしい様子。

2 ――の言葉と同じ意味で使われているものを下から一つ選んで、○をつけましょう。（一つ7点）

① きず口に包帯をまく。
- ア（　）すばらしいおどりに舌（した）を**まく**。
- イ（　）おもちゃのぜんまいを**まく**。
- ウ（　）頭にタオルを**まく**。

② 思い出を心にきざむ。
- ア（　）喜びをむねに**きざむ**。
- イ（　）野菜を細かく**きざむ**。
- ウ（　）ゆっくりと時を**きざむ**。

③ 紙が水をふくんで重い。
- ア（　）うれしさを**ふくん**だ目。
- イ（　）事情を**ふくん**でおいてください。
- ウ（　）この石には鉄が**ふくま**れている。

3 ―の言葉の使い方が正しい文を二つ選んで、◯をつけましょう。（一つ6点）

ア（　）おしげもなく列の間にわりこむ。

イ（　）成功した喜びが、ありありと表情に出ていた。

ウ（　）そんなことで大さわぎするのは、はかばかしいことだ。

エ（　）弟のかばんは、おかしがたくさん入っていてものものしい。

オ（　）大都会では、通勤時の駅は、おびただしい数の人が行きかう。

カ（　）そんな解き方があるなんて、まるっきり考えもしなかった。

4 上の言葉に続く言葉を下から選んで、・―・で結びましょう。（一つ5点）

1 すばらしい演奏をきいた観客は　・　　・ア　くり出した。

2 祭りを見物しようと、大勢の人が　・　　・イ　まぬがれた。

3 スキーで転んだが、骨折は　・　　・ウ　わきたった。

4 泣く子にやさしく声をかけて　・　　・エ　燃えつきた。

・オ　なだめすかした。

5 （　）に合う言葉を、［　］から選んで書きましょう。（一つ7点）

1 五月十日は、学校の（　　　　）記念日です。

2 人の作品をまねしないで、（　　　　）工夫をこらす。

3 あなたの考え方は、実に（　　　　）的でおもしろい。

創始・創立・創意・創案・独創

2 の―の言葉は、多義語といって、同じ言葉でも使い方によって意味がちがう言葉だよ。辞典で意味と使い方を調べておこう。

11 いろいろな働きをする言葉③

1 次の言葉の説明に合うものを下から選んで、•——•で結びましょう。（一つ2点）

❶ 名詞（めいし）・　　・ア 動作や状態を表す言葉。

❷ 動詞（どうし）・　　・イ 様子や性質を表す言葉。

❸ 形容詞（けいようし）・　　・ウ 物やことがらの名前を表す言葉。

❹ 助詞（じょし）・　　・エ ほかの言葉につき、言葉の続きをはっきりさせたり、意味をそえたりする言葉。

2 ——の言葉を、❶〜❹に分けて書きましょう。ただし、動詞（どうし）・形容詞（けいようし）は、言い切りの形（終止形）で書きましょう。（一つ2点）

春休みに、ぼくたちは、美しい山なみが見える高原で、一週間ほど過ごした。朝早く起きて、牛や馬の世話をしたり、近くの森へ行って、めずらしい植物の観察や採取をしたりした。一週間は、あっという間に過ぎて、とても短く感じた。

❶ 名詞（めいし）…（　　）・（　　）・（　　）・（　　）

❷ 動詞（どうし）｛（　　）・（　　）・（　　）
　　　　　　　　（　　）・（　　）・（　　）

❸ 形容詞（けいようし）（美しい）・（　　）・（　　）・（　　）

❹ 助詞（じょし）…（で）・（　　）・（　　）・（　　）・（　　）・（　　）

3 〈例〉のように、言葉の形をかえて、次の言葉を完成させましょう。（一つ2点）

〈例〉			
弱い	清い	③	⑤
弱まる	①	温まる	⑥
弱める	②	④	固める

4 ――の言葉を、文に合う形に書きかえましょう。（一つ5点）

〈例〉
- ぼうが曲がる。
- ぼうを（曲げる）。

- 作業が（終わる）。
- 作業を終える。

①
- 病気が治る。
- 病気を（　　　　）。

②
- 箱が（　　　　）。
- 箱を重ねる。

③
- 人数が減る。
- 人数を（　　　　）。

④
- 自動車が（　　　　）。
- 自動車を連れる。

5 （　）に合う言葉を、［　］から選んで書きましょう。（一つ5点）

① （　　　　）説明を聞いても、意味がよくわからない。

② 石田（いしだ）君は、（　　　　）ここに来るでしょう。

③ 白い雲は、（　　　　）ソフトクリームのようだ。

④ （　　　　）雨が降（ふ）ったらと思うと心配になった。

もしも ・ まるで ・ いくら ・ めったに ・ おそらく

5は、「いくら…ても…」「おそらく…でしょう」のように、あとに決まった言い方がくる言葉だよ。いろいろな文で、使えるようにしよう！

12 いろいろな働きをする言葉④

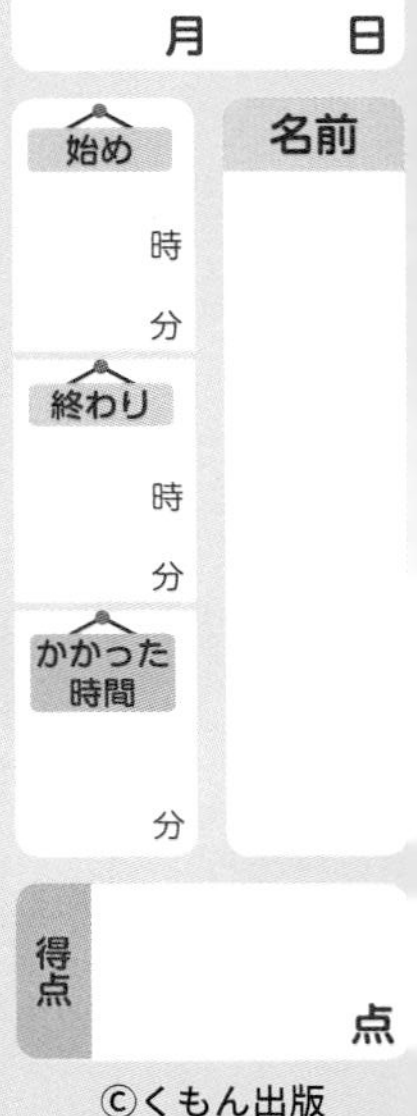

1 太字の言葉の使い方が正しい文を一つ選んで、○をつけましょう。（一つ6点）

❶
- ア（　）**地道**(じみち)を歩く。
- イ（　）**地道**(じみち)が広がる。
- ウ（　）**地道**(じみち)に努力する。

❷
- ア（　）**まきぞえ**で長さを測る。
- イ（　）争いの**まきぞえ**をくう。
- ウ（　）試合の**まきぞえ**をはかる。

❸
- ア（　）そうなん者の**生存**(せいぞん)を確にんする。
- イ（　）大きな工場で多量の商品を**生存**(せいぞん)する。
- ウ（　）家のポチに、子犬が五ひき**生存**(せいぞん)した。

❹
- ア（　）ぼくたちの意見が、児童会に**反映**(はんえい)された。
- イ（　）友達の述べた意見と**反映**(はんえい)した考えを持った。
- ウ（　）酸やアルカリに**反映**(はんえい)する紙に、液体をつけてみた。

2 （　）に合う言葉を、［　］から選んで書きましょう。（一つ5点）

❶ 弟はゲーム（　　　　）していて、勉強しない。

❷ 姉は、夜おそく（　　　　）勉強していたらしい。

❸ 兄は出かけた（　　　　）、夕方になってももどらない。

❹ 今年(ことし)の冬は、去年（　　　　）寒くはなかった。

❺ 今月のこづかいが、もう五百円（　　　　）残っていない。

ほど ・ しか ・ まで ・ きり ・ くらい ・ ばかり

3 ——の言葉と同じ意味で使われている文を一つ選んで、○をつけましょう。（一つ5点）

1 雨が降らない日が、五日ほど続いている。
- ア（　）電車の中は、空いた席が一つも**ない**。
- イ（　）コンパスが**ない**ので、円がかけなかった。
- ウ（　）かぜをひいて熱が高いので、学校へ行か**ない**。

2 この池には、大きな魚がいるそうだ。
- ア（　）次の大会には、もっと多くの学校が参加する**そうだ**。
- イ（　）空が真っ暗で、今にも雨が降り**そうだ**。
- ウ（　）ぼくはゲームが好きだけど、君だって**そうだ**ろう？

3 雨がやめば、明日はハイキングに出かけられる。
- ア（　）友達の家の玄関で、大きな犬にほえ**られる**。
- イ（　）暖かくなって、春らしさが感じ**られる**。
- ウ（　）そんな易しいクイズなら、だれだって答え**られる**。

4 太字の言葉に注意して、（　）に合う言葉を書きましょう。（一つ6点）

1 **まるで**人の話し声の（　　　）聞こえた。

2 **たとえ**クラスがちがっ（　　　）、友達でいましょう。

3 **もし**これから出かける（　　　）、かさを持っていきなさい。

4 **どうぞ**わたしのかさを使って（　　　）。

5 **まさか**天気が悪くなることは（　　　）。

6 **いったい**だれがぼくのくつをはいていったの（　　　）。

3のような問題では、上の言葉との続き方を調べてみるのも、意味のちがいを知る一つの手立てになるよ。

13 慣用句

月　日　名前

始め　時　分　終わり　時　分　かかった時間　分　得点　点

1 次の慣用句の意味に合うものを下から選んで、•―•で結びましょう。（一つ5点）

① 目につく ・
② 目が回る ・
③ 目をこらす ・
④ 目を光らす ・
⑤ 目をぬすむ ・

・ア じっと見つめる。
・イ 目立っている。注意をひく。
・ウ 見ようともしない。
・エ 見つからないように、かくれてする。
・オ 目がくらくらする。とてもいそがしい。
・カ 夢中になって、何かする。
・キ 見落とさないようにきびしく見る。

2 （　）に合う言葉を［　］から選んで、下の意味に合う慣用句を作りましょう。（一つ5点）

①（　　）をこまねく……何もせず、人のするままにしておく。
②（　　）をかしげる……変だな、おかしいなと考えこむ。
③（　　）に任せる………気の向くままに歩く。
④（　　）を決める………決心する。かくごを決める。
⑤（　　）を落とす………元気がなく、しょんぼりとする。
⑥（　　）をなで下ろす…安心する。ほっとする。

目・手・歯・足・首・胸（むね）・かた・腹（はら）

3 ――の慣用句の使い方が正しい文を四つ選んで、○をつけましょう。（一つ5点）

ア（　）小林君のたのみは自分勝手すぎて話にならない。

イ（　）そうじがすむと、洗面所へ行ってバケツのぐちをこぼした。

ウ（　）演技が始まると、会場は水を打ったように静まり返った。

エ（　）妹はしかられて、かたで風を切りながら泣いた。

オ（　）自転車を買ってもらい、目玉が飛び出るほど喜んだ。

カ（　）作った模型をこわされて、腹の虫がおさまらない。

キ（　）弟は、元気よく足音をしのばせて階段を上がってきた。

ク（　）病気の友達のことを思うと、胸が痛む。

4 （　）に合う慣用句を［　］から選んで、文に合う形で書きましょう。（一つ5点）

1 あの人の親切な行動には（　　　　）ます。

2 あの人は、歌がうまいことを（　　　　）ている。

3 つらいことでも、（　　　　）てがんばってみる。

4 話に（　　　　）て、帰る時間がおそくなった。

5 弟の部屋は、散らかっていて（　　　　）た。

鼻にかける・気を取られる・歯をくいしばる
頭が下がる・顔がくもる・足のふみ場もない

慣用句を使うと、文章の表現が豊かになるよ。いろいろな慣用句を覚えて、作文を書くときなどに役立てよう！

14 ことわざ

月　日　名前

始め　時　分　終わり　時　分　かかった時間　分　得点　点

5年生のおさらい!

1 次のことわざの意味に合うものを[　]から選んで、記号を書きましょう。（一つ10点）

① 善（ぜん）は急げ…………（　　）

② すずめのなみだ…（　　）

③ 二階から目薬……（　　）

昔から言い伝えられてきた言葉で、生活に役立つような教訓や知識がもりこまれているものを「ことわざ」というよ。

ア　とても少ないことのたとえ。
イ　手おくれで効き目がないこと。
ウ　いいと思ったことは、すぐ実行したほうがよいこと。
エ　効果がないこと。思うようにならないこと。

2 下の意味のことわざになるように、（　）に合う言葉を[　]から選んで書きましょう。（一つ10点）

①（　　　）もと暗し……〔身近なことは、かえってわかりにくいものであるということ。〕

② ねこに（　　　）………〔どんないいものでも、値打（ねう）ちのわからない人には役に立たないこと。〕

③ おにに（　　　）………〔強いものが、さらに強さを増すこと。〕

石橋　・　小判　・　灯台　・　念仏　・　金棒（かなぼう）

3 （　）に合う言葉を［　］から選んで、下の意味に合うことわざを作りましょう。（一つ5点）

① （　　　）は一見にしかず……何度も人から聞いたり本を読んだりするよりも、自分で実際に見たほうがよくわかるということ。

② （　　　）に一生を得る……死ぬかと思われるような危険な状態にいたのに、命が助かる。

十色・百聞・千里
七転・八丁・九死

4 次のようなとき、どんなことわざを使いますか。［　］から選んで、記号を書きましょう。（一つ10点）

① 注意されたのに、友達とボール遊びをして教室の窓ガラスを割ってしまい、すぐやめればよかったと思ったとき。…（　　）

② 父の厳しい忠告に反発を覚えるが、その忠告は自分を成長させてくれるものであると感じるとき。…（　　）

③ 友達とけんかしたけれど、それがきっかけになって、親友になったとき。…（　　）

ア　焼け石に水
イ　後悔先に立たず
ウ　雨降って地固まる
エ　良薬は口に苦し

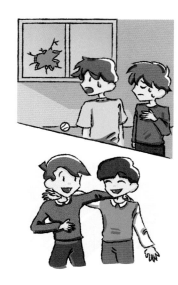

ことわざは意味を知らないと、何を言っているのか、全然わからないよね。いろいろなことわざを辞典で調べてみよう！

仕上げドリル②

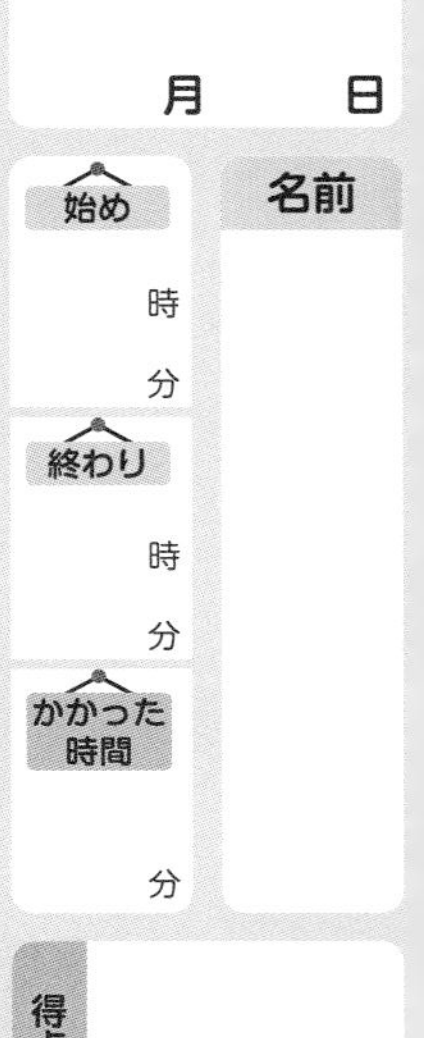

1 □の文章を読んで、後の問題に答えましょう。

我が家で飼っているネコは、とても気まぐれだ。ある日はずっと不機嫌そうで、一歩も動かずに固まっていた。わたしが、なだめすかそうとしておもちゃやえさをあげても反応しない。

一時間□たって再びネコのところへ行ってみると、ちゃっかりとさっきのおもちゃで遊んでいた。本当に気まぐれなやつだ。

❶ 「なだめすかす」の意味に合うものを選んで、○をつけましょう。（10点）

ア（　）体をなでて、気持ちよくさせようとする。
イ（　）いいことばかり話して、味方につけようとする。
ウ（　）いろいろと機嫌をとって、言うことをきかせようとする。

❷ 「固まる」を、名詞と形容詞にかえて書きましょう。（一つ10点）

① 名詞（　　　）　② 形容詞（　　　）

❸ □に合う言葉を選んで、○で囲みましょう。（10点）

〔 まで ・ ほど ・ さえ 〕

❹ 〰〰の行動を表す慣用句を、（　）に体の一部を表す漢字一字を書いて、完成させましょう。（10点）

（　　　）をつくす

2 □の文章を読んで、後の問題に答えましょう。

友達の家族といっしょにハイキングに行く日のことです。朝、いそいそと出発の準備をしていると、母が折りたたみがさを持ってきました。

「もし雨が降(ふ)っ□、このかさをさしなさい。」

「ありがとう。転ばぬ先のつえだね。」

そう言うと、母はさらに話を続けました。

「楽しんでおいで。気をつけてね。」

わたしはうなずき、むかえにきた車に乗って出発しました。

読み取る力

❶ 「いそいそと」から、「わたし」のどんな気持ちがわかりますか。合うものに、○をつけましょう。（10点）

ア（　）悲しい気持ち
イ（　）うれしい気持ち
ウ（　）おどろいた気持ち

❷ □に合う言葉を〔　〕から選んで、◯で囲みましょう。（10点）

〔 ても ・ たが ・ たら 〕

❸ ことわざが使われている部分に、――を引きましょう。また、そのことわざと似たような意味のことわざを次から一つ選んで、○をつけましょう。（一つ15点）

ア（　）石の上にも三年
イ（　）ちりも積もれば山となる
ウ（　）石橋をたたいてわたる

2 ❸ことわざの中には、よく似たものがあるよ。「ぬかにくぎ」と「のれんにうでおし」など、意味を調べて使えるようにしよう。

16 漢字の部首

月　日　名前

始め　時　分　終わり　時　分　かかった時間　分　得点　点

5年生のおさらい!

1 次の部首をもつ漢字はどんなことがらと関係がありますか。（　）に合う言葉を、[　]から選んで書きましょう。（一つ3点）

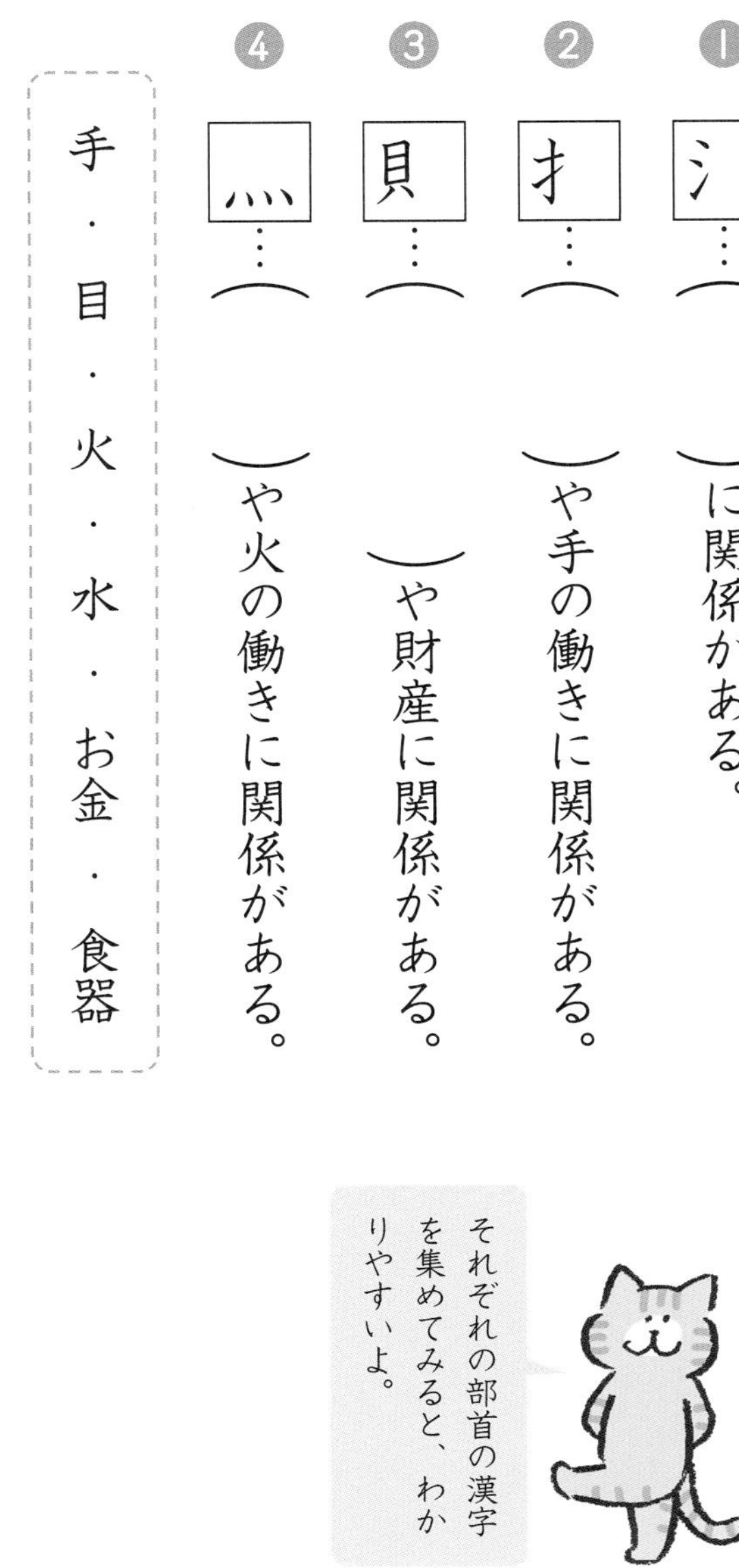

① 氵…（　　）に関係がある。

② 扌…（　　）や手の働きに関係がある。

③ 貝…（　　）や財産に関係がある。

④ 灬…（　　）や火の働きに関係がある。

手・目・火・水・お金・食器

それぞれの部首の漢字を集めてみると、わかりやすいよ。

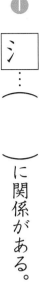

2 次の漢字の、意味を表す部分（部首）を□に、音（おん）を表す部分を〔　〕に、その漢字の音（おん）の読みがなを（　）にカタカナで書きましょう。（一つ2点）

〈例〉 帳 巾 〔長〕（チョウ）

① 縮 □〔　　〕（　　）

② 詞 □〔　　〕（　　）

③ 障 □〔　　〕（　　）

④ 閣 □〔　　〕（　　）

「詞」「飼」は、同じ音読みだね。

3 漢字の部首に注意して、□に漢字を書きましょう。（一つ4点）

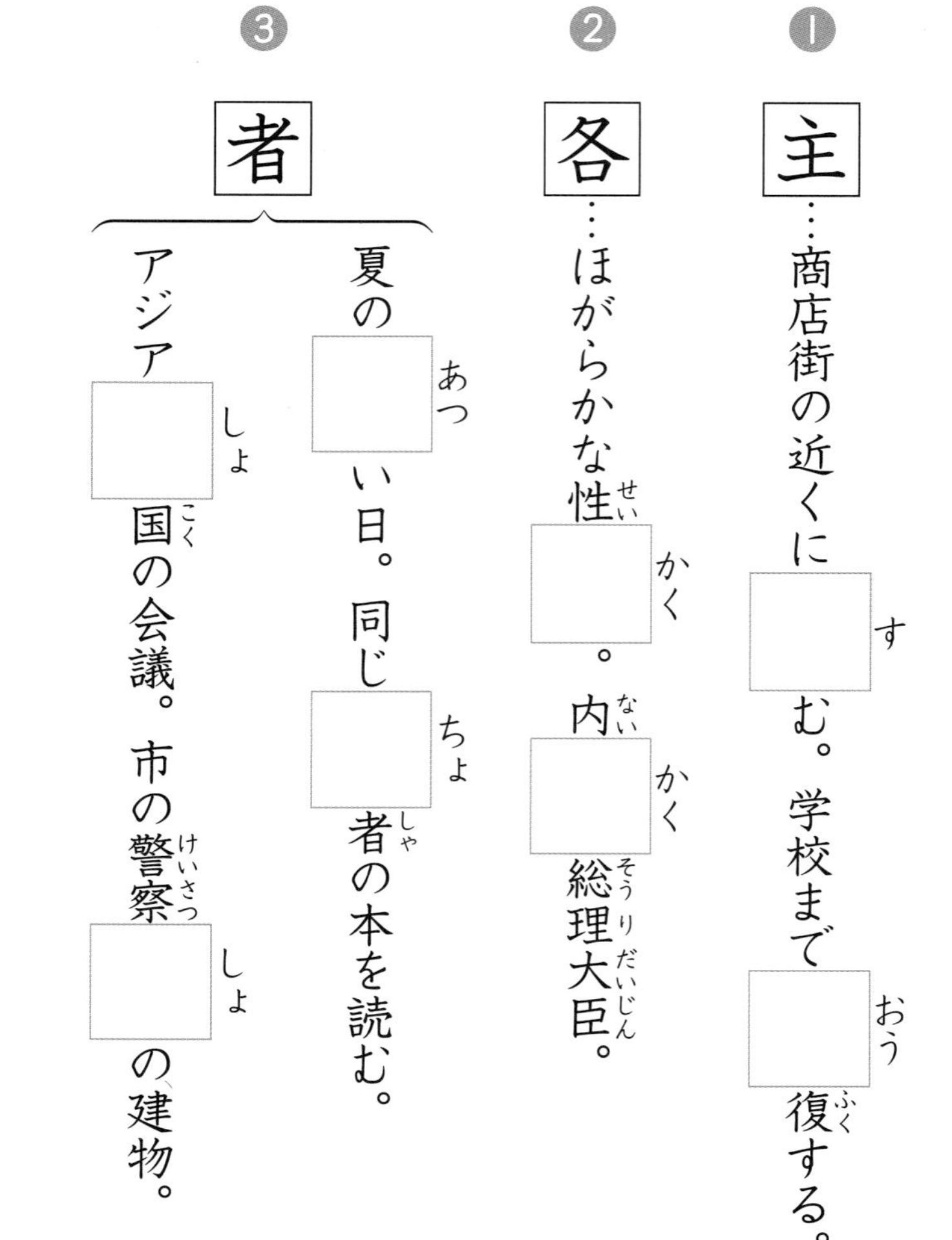

① 主…商店街の近くに□（す）む。学校まで□（おう）復（ふく）する。

② 各…ほがらかな性（せい）□（かく）。内（ない）□（かく）総理大臣（そうりだいじん）。

③ 者
- 夏の□（あつ）い日。同じ□（ちょ）者（しゃ）の本を読む。
- アジア□（しょ）国（こく）の会議。市の警察（けいさつ）□（しょ）の建物。

4 漢字の部首に注意して、□に漢字を書きましょう。（一つ4点）

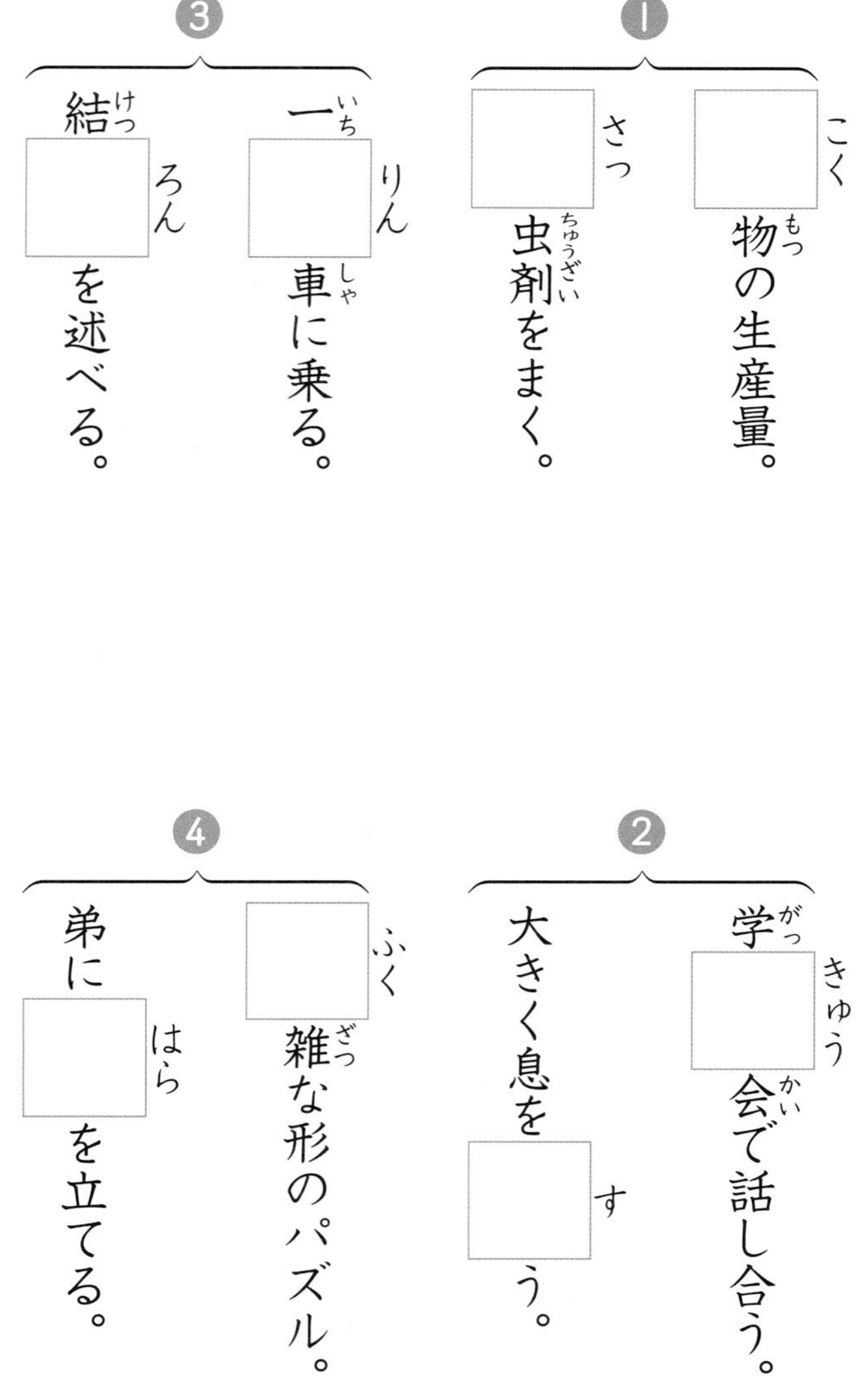

①
- □（こく）物（もつ）の生産量。
- □（さつ）虫剤（ちゅうざい）をまく。

②
- 学（がっ）□（きゅう）会（かい）で話し合う。
- 大きく息を□（す）う。

③
- 一（いち）□（りん）車（しゃ）に乗る。
- 結（けつ）□（ろん）を述べる。

④
- □（ふく）雑（ざつ）な形のパズル。
- 弟に□（はら）を立てる。

同じ部分をもつ漢字でも、部首（意味）のちがいがわかっていると、使い分けが簡単（かんたん）にできるよ。

17 漢字の使い方①

月　日　名前

始め　時　分　終わり　時　分　かかった時間　分

得点　点

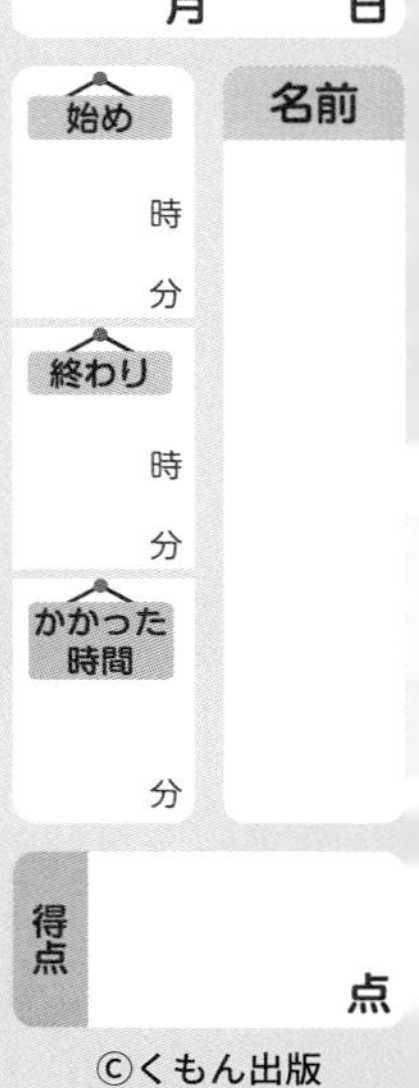

1 ――の漢字の読みがなを書きましょう。（一つ2点）

①
- 好物（　　）
- 好き（　　き）
- 好む（　　む）

②
- 提供（　　）
- お供（　　）
- 供える（　　える）

③
- 増加（　　）
- 増す（　　す）
- 増える（　　える）

④
- 降水量（　　）
- 降る（　　る）
- 降りる（　　りる）

⑤
- 再会（　　）
- 再来月（　　）
- 再び（　　び）

⑥
- 閉会式（　　）
- 閉じる（　　じる）
- 閉める（　　める）

2 反対の意味の言葉（対義語（たいぎご））を、漢字で書きましょう。（一つ2点）

① かく　だい ↔ しゅく　しょう

② たん　じゅん ↔ ふく　ざつ

③ よう　い ↔ こん　なん

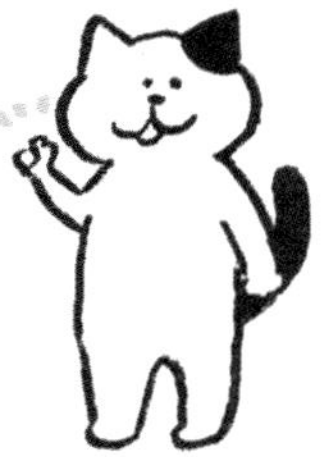

このような対義語は、「しゅくしょうされた写真を、虫眼鏡（むしめがね）でかくだいして見る。」のように、一つの文などでいっしょにして覚えておくといいね。

3 形に注意して、次の漢字を書きましょう。（一つ2点）

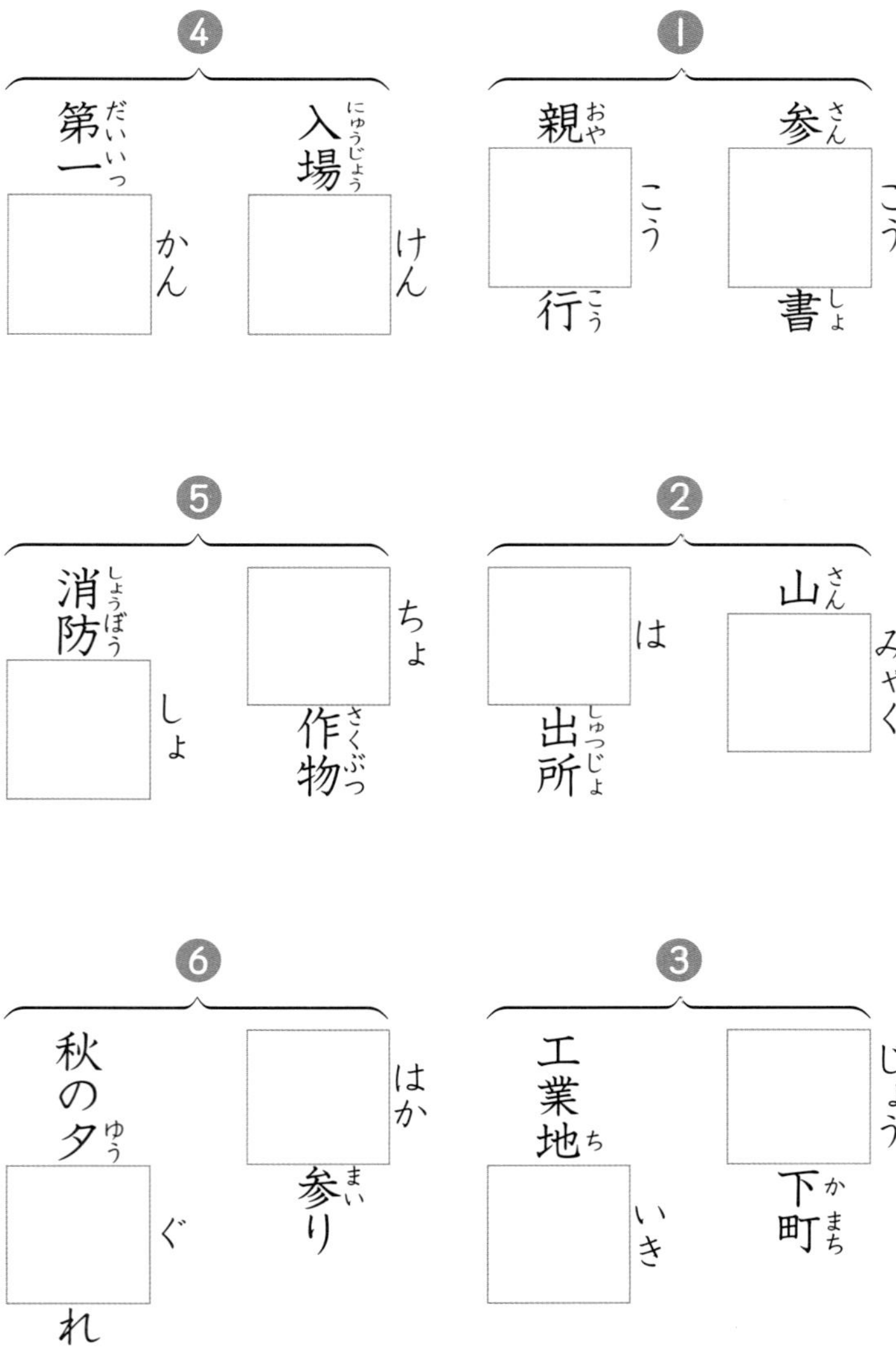

① 参(さん)□(こう)書(しょ)　親(おや)□(こう)行(こう)

② 山(さん)□(みゃく)　□(は)出所(しゅつじょ)

③ □(じょう)下町(かまち)　工業地(ち)□(いき)

④ 入場(にゅうじょう)□(けん)　第一(だいいっ)□(かん)

⑤ □(ちょ)作物(さくぶつ)　消防(しょうぼう)□(しょ)

⑥ □(はか)参(まい)り　秋の夕(ゆう)□(ぐ)れ

4 次のように読む漢字を書きましょう。（一つ2点）

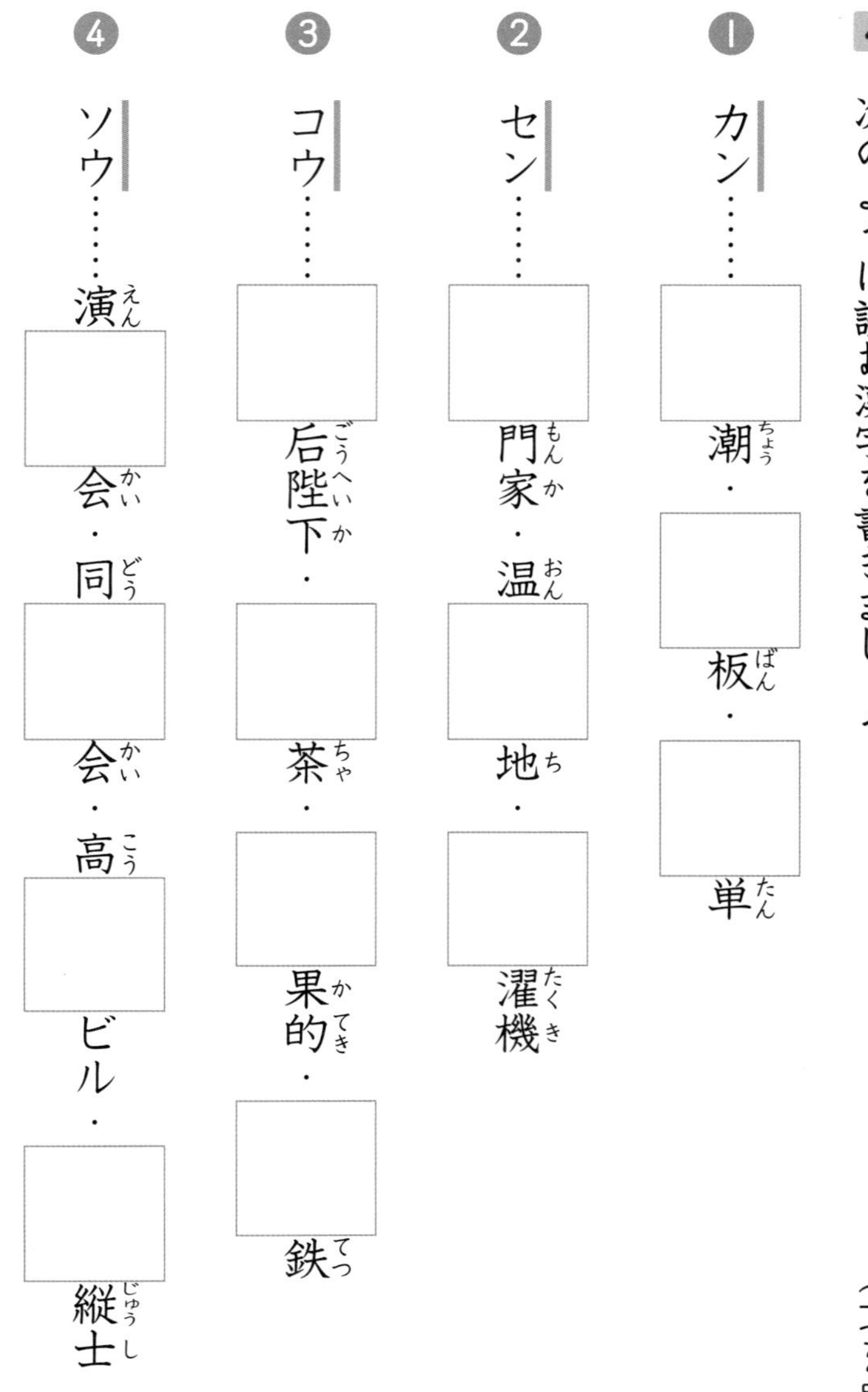

① カン……□潮(ちょう)・□板(ばん)・□単(たん)

② セン……□門家(もんか)・温(おん)□地(ち)・□濯機(たくき)

③ コウ……□后陛下(ごうへいか)・□茶(ちゃ)・□果的(かてき)・□鉄(てつ)

④ ソウ……演(えん)□会(かい)・同(どう)□会(かい)・高(こう)□ビル・□縦士(じゅうし)

3は、まちがえやすい漢字だよ。字の形や使い方、意味のちがいに注意して、正しく使えるようにしよう！

18 漢字の使い方②

月　日
名前
始め　時　分
終わり　時　分
かかった時間　分
得点　点

1 ――の漢字の読みがなを書きましょう。（一つ2点）

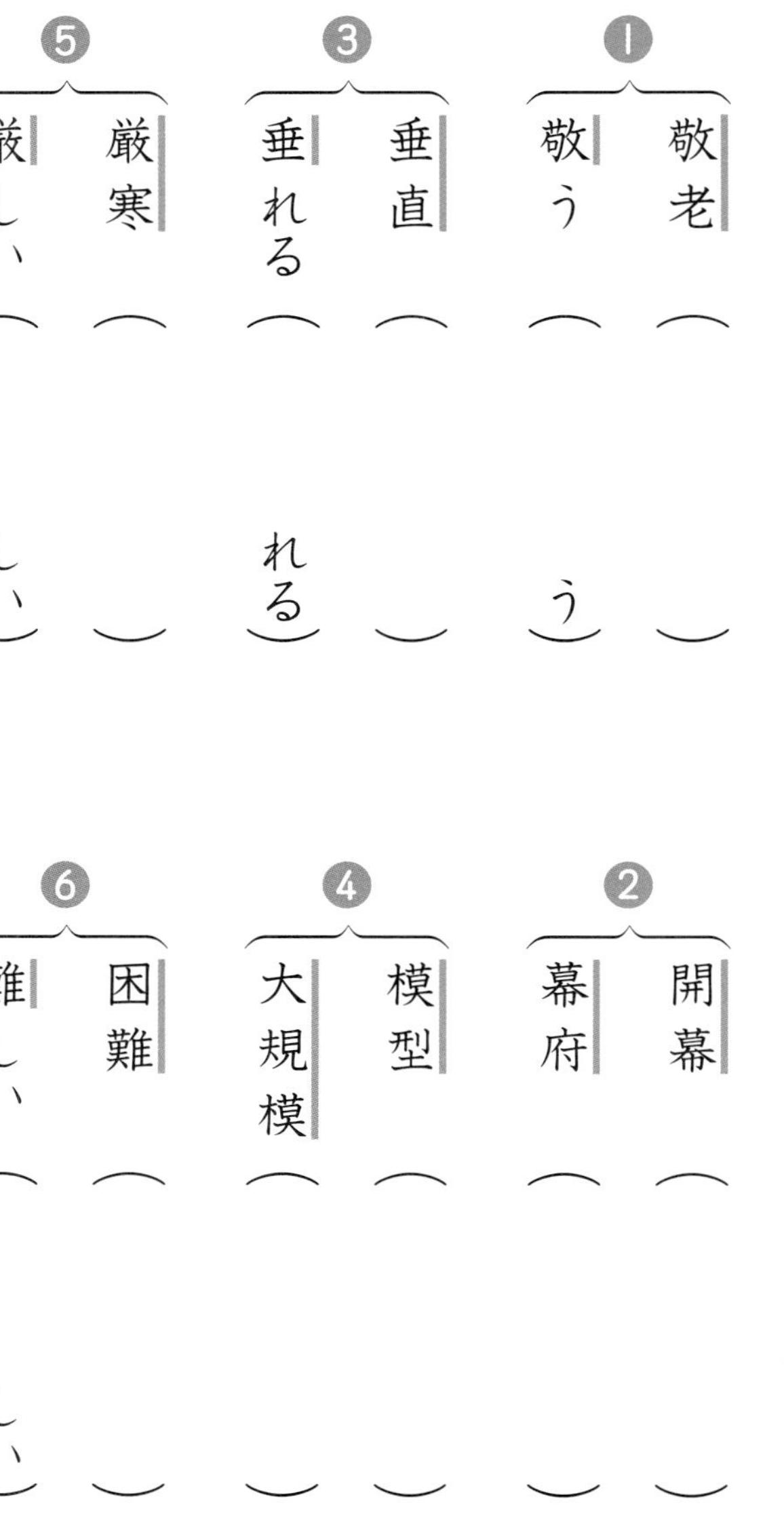

❶ 敬老（　　）
　 敬う（　　う）

❷ 開幕（　　）
　 幕府（　　）

❸ 垂直（　　）
　 垂れる（　　れる）

❹ 模型（　　）
　 大規模（　　）

❺ 厳寒（　　）
　 厳しい（　　しい）

❻ 困難（　　）
　 難しい（　　しい）

2 次のように読む漢字を書きましょう。（一つ3点）

❶ あたたかい
　 □かい料理。
　 □かい気候。

❷ おさめる
　 成功を□める。
　 税金を□める。

❸ ね
　 木の□が張る。
　 品物の□段（だん）。

❹ とも
　 友人と□に学ぶ。
　 王様のお□。

❺ そなえる
　 冬に□える。
　 墓に花を□える。

3 ――の言葉の読みがなを書きましょう。（一つ2点）

①真っ赤な血。（　　）
②虫（むし）眼鏡。（　　）
③迷子。（　　）
④真っ青な海。（　　）
⑤景色。（　　）
⑥清水を飲む。（　　）
⑦七夕の祭り。（　　）
⑧河原。（　　）
⑨果物を買う。（　　）

4 次のように読む言葉を、漢字で書きましょう。（一つ4点）

① ジコ
- 交通□□をなくそう。
- 友達の□□しょうかい。

② ソウゾウ
- 情景を□□してみる。
- □□性（せい）に富んだ作品。

③ イコウ
- 新制度への□□。明日□□の予定表。
- 相手の□□を確かめる。

2 4では、文の意味を考えて、漢字を正しく使い分けよう！
3は、特別な読み方をする言葉だよ。使えるようにしよう！

19 同じ読み方の漢字

5年生のおさらい！

1 □と読む漢字を書きましょう。（一つ3点）

① さい
- 試合を□開(かい)する。
- キュリー夫(ふ)□。

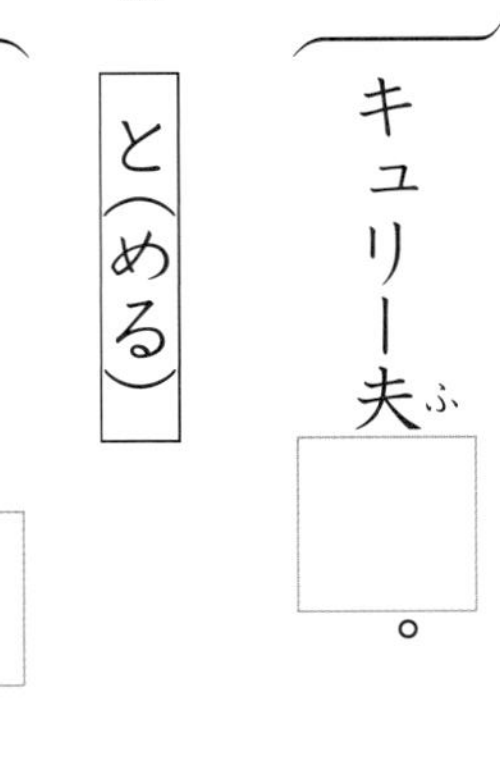

③ と(める)
- 相手の動きを□める。
- ボタンを□める。

② こう
- 薬の□果(か)が現れる。
- 作文の□成(せい)を考える。

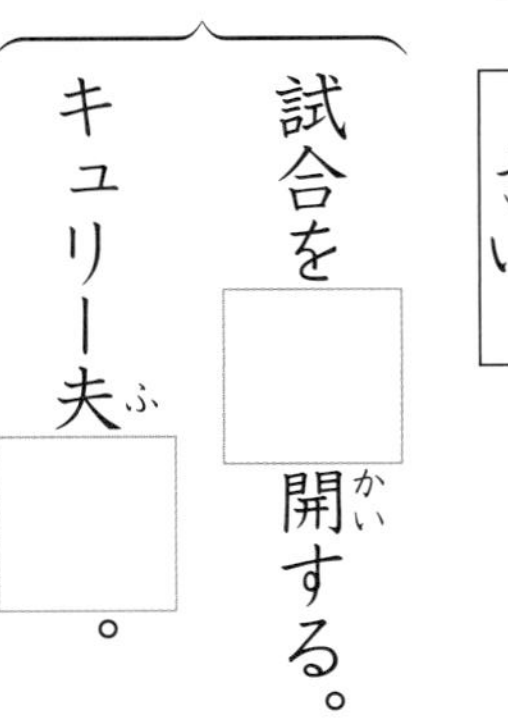

④ はか(る)
- 赤ちゃんの体重を□る。
- ロープの長さを□る。

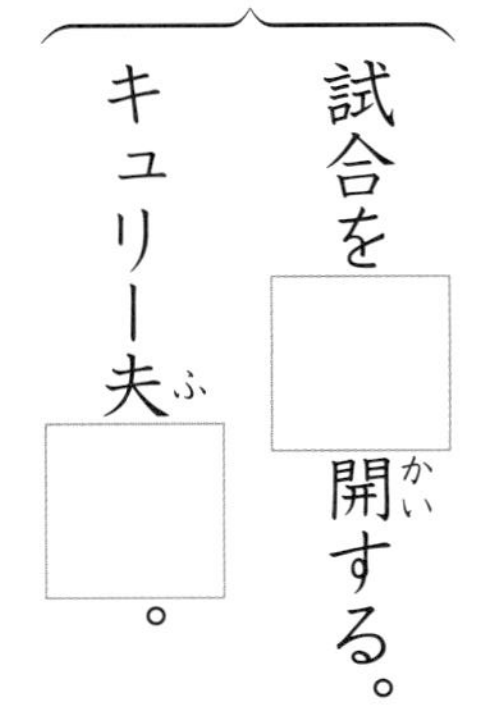

2 ──に合う漢字を、○で囲みましょう。（一つ2点）

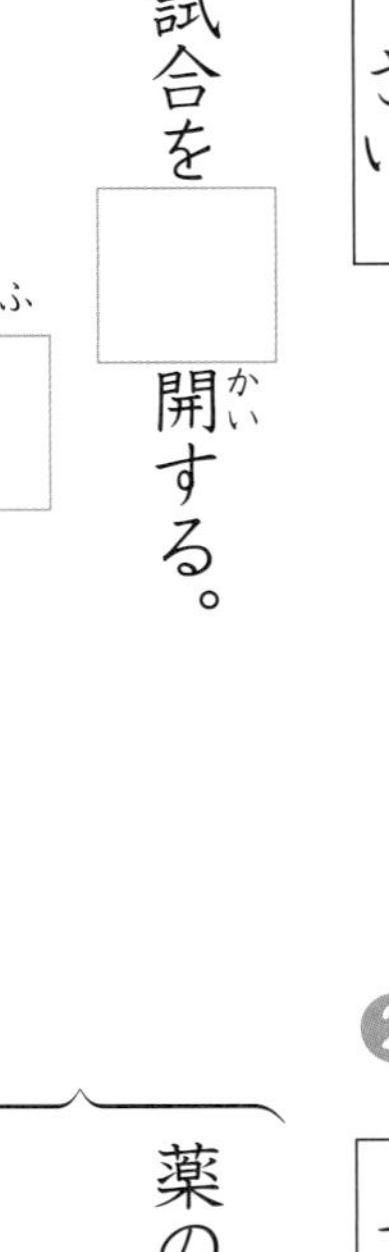

① しょう｛障・将｝来(らい)の夢。

② ピアノの演(えん)そう｛奏・装｝。

③ 野菜のね｛根・値｝段(だん)。

④ 宿題が早くす｛住・済｝んだ。

⑤ 南アメリカ大陸のひ｛秘・非｝境(きょう)を探検(たんけん)する。

⑥ 何度も失敗した後で、成功をおさ｛修・収｝めた。

3 □と読む漢字を書きましょう。（一つ4点）

① きょう
- 話題を提□する。
- 父の故□を訪ねる。

② しゅう
- 姉が病院に□職する。
- □議院議員の選挙。

③ うつ(る)
- 音楽室に□って授業する。
- 湖面に山並みが□る。

④ つと(める)
- 会社に□めて五年になる。
- 一年間、委員を□める。

4 漢字のまちがいに──を引いて、右側に正しく書きましょう。（一つ4点）

〈例〉始めに名前と往所を書いた。　初　住

① 大好きな肺優が、ドラマの中で塩風にふかれていた。

② 買い物の帰りに、母と店に入って暖かい黄茶を飲んだ。

③ 大雨による耕水量が多いというので、災害に供えた。

④ 国民が収めた税金を郵効に使う方法を考える。

同じ読み方の漢字は書きまちがえやすいので、**3**④「工場に勤める。」「議長を務める。」「早起きに努める。」のように、使い方で意味のちがいを覚えよう。

20 熟語(じゅくご)①

月　日

名前

始め　時　分
終わり　時　分
かかった時間　分

得点　点

1 次の熟語(じゅくご)の読みがなを（　）に、また、読み方の組み合わせを［　］から選んで、□に記号を書きましょう。（一つ2点）

① 両側（　　）□
② 高熱（　　）□
③ 布地（　　）□
④ 粉薬（　　）□
⑤ 夕刊（　　）□
⑥ 提案（　　）□
⑦ 新芽（　　）□
⑧ 米俵（　　）□
⑨ 織物（　　）□
⑩ 逆転（　　）□

ア 音・音　　イ 訓・訓　　ウ 音・訓　　エ 訓・音

2 上から漢字を選んで、次の組み合わせに合う熟語(じゅくご)を作りましょう。（一つ2点）

信・材・収　欠・誤・地　減・工・増　車・土・捨　着・補・解　失・点・確

① 反対(対(つい))になる意味の漢字の組み合わせ。

出□　発□　得□
正□　加□　取□

② 似た意味の漢字の組み合わせ。

□集　□加　□足

3 次の言葉の略語を、漢字二字の熟語で書きましょう。（一つ2点）

〈例〉 下水道→ 下 水

❶ 国際連合→

❷ 特別急行列車→

❸ 入学試験→

❹ 農業協同組合→

4 ［　］から漢字を選んで、次の意味に合う熟語を作りましょう。（一つ4点）

❶ ものごとの始まり。おこり。…………（　　源）

❷ 川の流れ出るもと。みなもと。…………（　　源）

❸ お金を生み出すもと。お金の出どころ。…………（　　源）

水・電・期・起・資・財

5 次の熟語と同じ組み立ての熟語を［　］から選んで、記号を書きましょう。（一つ2点）

❶ 悪路（　）　❷ 道路（　）　❸ 損得（　）

❹ 入部（　）　❺ 進退（　）　❻ 電車（　）

❼ 過去（　）　❽ 乗船（　）　❾ 不評（　）

❿ 採決（　）　⓫ 無断（　）

ア 天地　イ 回転　ウ 登山　エ 未定　オ 白線

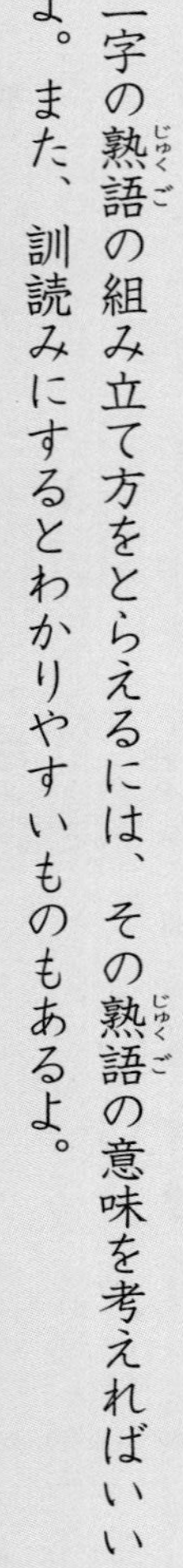

二字の熟語の組み立て方をとらえるには、その熟語の意味を考えればいいよ。また、訓読みにするとわかりやすいものもあるよ。

21

熟語（じゅくご）②

月　日

名前

始め　時　分

終わり　時　分

かかった時間　分

得点　点

1 次の漢字三字の熟語（じゅくご）の組み立てを［　］から選んで、記号を書きましょう。（一つ2点）

① 新学期（　　）　② 市町村（　　）　③ 全世界（　　）

④ 上中下（　　）　⑤ 演奏会（えんそうかい）（　　）　⑥ 短期間（　　）

⑦ 公共性（　　）　⑧ 大混乱（だいこんらん）（　　）

⑨ 機械化（　　）　⑩ 衣食住（　　）

ア　○—○—○（一字ずつの意味を並（なら）べる。）

イ　○—○○（上の一字が下の二字の性質や状態を限定する。）

ウ　○○—○（下の一字が上の二字にいろいろな意味をそえる。）

2 次の熟語（じゅくご）を、〈例〉のように組み立てがわかるように、一つ一つの語に分けましょう。（一つ4点）

〈例〉 読書感想文 →（読書—感想—文）

① 校内放送→（　　）　② 春夏秋冬→（　　）

③ 天気予報→（　　）　④ 都道府県→（　　）

⑤ 火災予防週間→（　　）

⑥ 交通事故防止対策（たいさく）→（　　）

⑦ 卒業生研究発表会→（　　）

3 次の文に合う熟語を、〔　〕で囲みましょう。（一つ4点）

❶ 明るい｛性格・正確｝の女の子。

❷ 市の歴史に｛感心・関心｝を持つ。

❸ 父に話す｛機会・機械｝を待つ。

❹ 人工｛衛生・衛星｝を打ち上げる。

❺ 幼いころを｛回送・改装・回想・階層｝した作文を書く。

❻ 子どもを｛大勝・対象・隊商・対照｝に書かれた本を読む。

❼ 国連のさまざまな｛器官・気管・期間・機関｝とその仕事を調べる。

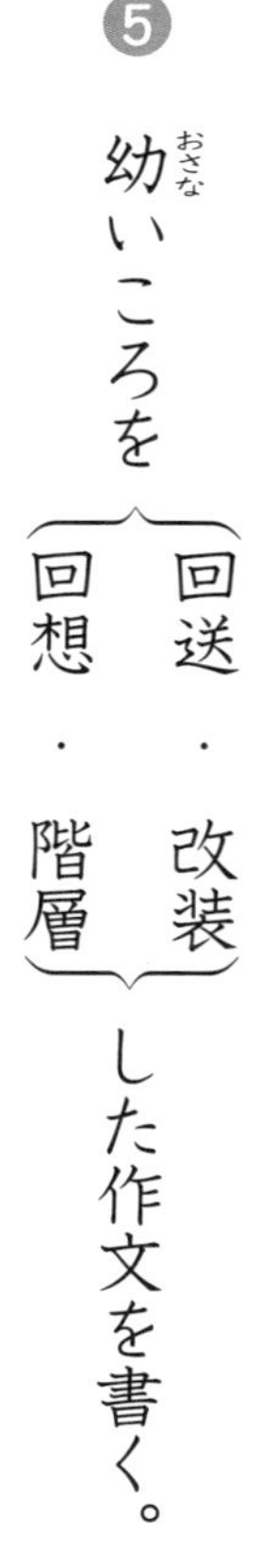

4 次の熟語の意味がわかるように、訓読みを使って書きましょう。（一つ4点）

〈例〉 羊毛（羊の毛）　登山（山に登る）　寒冷（寒くて冷たい）

❶ 牛乳（　　　　）

❷ 車窓（　　　　）

❸ 投球（　　　　）

❹ 寄港（　　　　）

❺ 運送（　　　　）

❻ 豊富（　　　　）

三字以上の熟語の組み立て方も、二字の熟語と似ているよ。

また、**3** のような、同じ音でちがう意味の熟語（同音異義語）の書き分けに注意しよう！

22 仕上げドリル③

月　日　名前

始め　時　分　終わり　時　分　かかった時間　分　得点　点

1 □の文章を読んで、後の問題に答えましょう。

先日、受業で「わたしたちが住んでいる町」を調べる機械がありました。わたしが住む町は、古くから域下町として栄えたそうです。そのせいか、細い路池が多かったのですが、現存は大規模な道路の拡帳工事が行われ、再開発が進んでいます。

文を書く力

❶ 漢字のまちがいが六字あります。――を引いて、右側に正しく書きましょう。（一つ5点）

❷ 「大規模」の読みがなを、――の右側に書きましょう。（5点）

❸ 「再開発」の「再」とちがう読み方をするものを選んで、○で囲みましょう。（5点）

〔 再度 ・ 再建 ・ 再来年 〕

❹ 「道路」のように、似た意味の漢字を組み合わせた熟語を選んで、○で囲みましょう。（5点）

〔 表面 ・ 表紙 ・ 表現 〕

2 □の文章を読んで、後の問題に答えましょう。

母（はは）の日（ひ）に、ぼくは家事（かじ）の①手伝いをしました。キャベツを刻（きざ）む仕事（しごと）は、単純（たんじゅん）だけど②上手にできませんでした。そうじや洗（せん）たくなど、家事（かじ）のすべてを行（おこな）うのは大変（たいへん）でしたが、母（はは）はとても善（よろこ）んでくれました。

文を書く力

1 漢字のまちがいが二字あります。——を引いて、右側に正しく書きましょう。（一つ5点）

2 ——の言葉の読みがなを、——の右側に書きましょう。（一つ5点）

3 「単純（たんじゅん）」と反対の意味の言葉を漢字二字の熟語（じゅくご）で書きましょう。（10点）

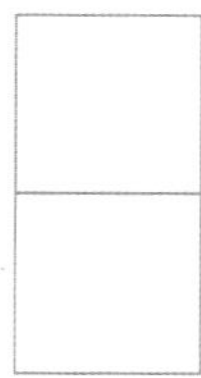

4 「洗（せん）」と「先（せん）」のように、部首以外の次の部分が、元の漢字の音と同じ漢字を書きましょう。（一つ5点）

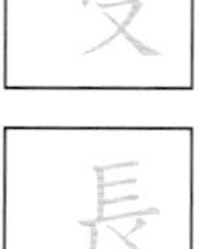

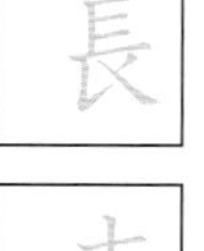

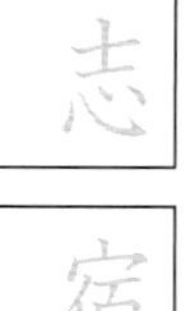

同じ読み方の漢字や形の似ている漢字はまちがえやすいので、意味や形のちがいをしっかり覚えよう！

かなづかい・送りがな①

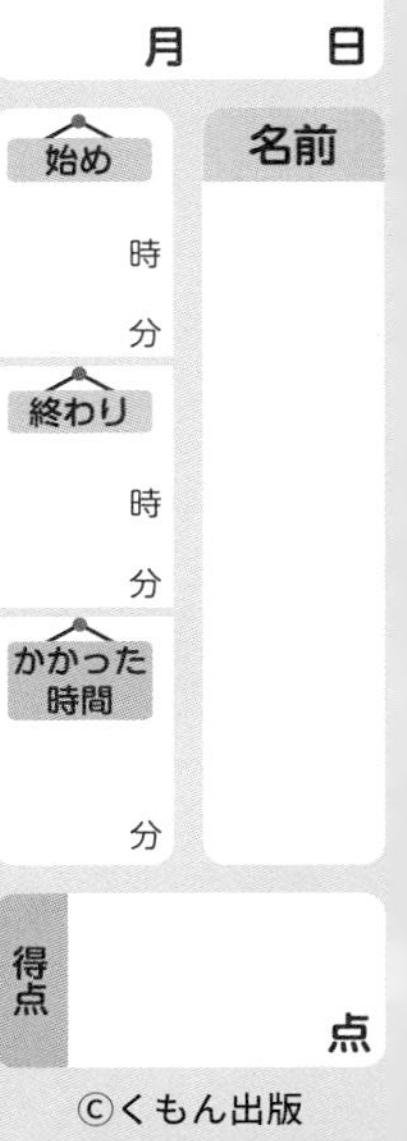

名前
月　日
始め　時　分
終わり　時　分
かかった時間　分
得点　点

1 次の言葉を、ひらがなだけで書きましょう。（一つ2点）

1
①公園（　　　）　②遠浅（　　　）
③大勢（　　　）　④灯台（　　　）

2
①続く（　　　）　②水浴び（　　　）
③地図（　　　）　④三日月（　　　）

3
①縮む（　　　）　②底力（　　　）
③布地（　　　）　④政治家（　　　）

2 〈例〉のように、次の言葉の形をかえて書きましょう。（全部できて一つ4点）

	「―ない」の形	「―ます」の形	「―ば」の形	「―う」の形	「―て（で）」の形
〈例〉帰る	帰らない	帰ります	帰れば	帰ろう	帰って
1 測る					
2 呼（よ）ぶ					
3 巻（ま）く					
4 洗（あら）う					

	「―う」の形	「―た」の形	「―なる」の形	「―ば」の形
〈例〉暑い	暑かろう	暑かった	暑くなる	暑ければ
5 痛（いた）い				
6 久しい				

3 送りがなの正しいものを一つ選んで、◯をつけましょう。 （一つ4点）

❶ いとなむ
- （　）営む
- （　）営なむ
- （　）営となむ

❷ けわしい
- （　）険い
- （　）険しい
- （　）険わしい

❸ こころよい
- （　）快い
- （　）快よい
- （　）快ろよい

❹ あぶない
- （　）危い
- （　）危ない
- （　）危ぶない

❺ たしかめる
- （　）確る
- （　）確める
- （　）確かめる

❻ いさましい
- （　）勇い
- （　）勇しい
- （　）勇ましい

❼ むずかしい
- （　）難い
- （　）難しい
- （　）難かしい

送りがなは、「持つ」「持たない」のように、原則として、形の変わるところからつけるけれど、例外もあるので注意してね。

4 文を書く力

次の読み方の言葉で、送りがなをつけないものには◯をつけ、送りがなの必要なものには、送りがなをつけましょう。 （一つ3点）

❶ こおり…氷（　　）
❷ いきおい…勢（　　）
❸ うしろ…後（　　）
❹ しあわせ…幸（　　）
❺ さばき…裁（　　）
❻ うけつけ…受付（　　）
❼ しるし…印（　　）
❽ こづつみ…小包（　　）

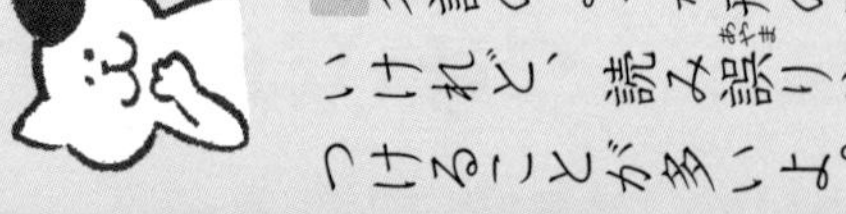

4 名詞のような形の変わらない言葉には、原則として、送りがなはつけないけれど、読み誤りやすい言葉や動詞・形容詞から名詞になった言葉にはつけることが多いよ。

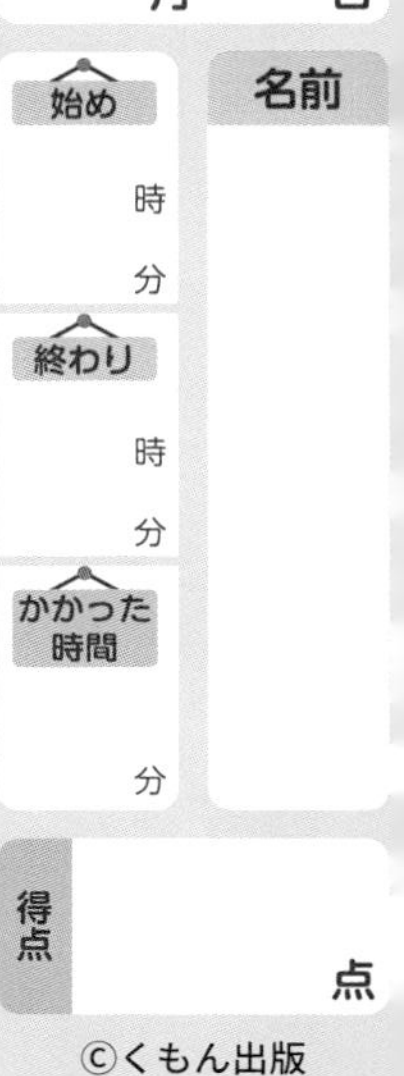

24 かなづかい・送りがな②

1 ――の言葉を、正しい送りがなで書きましょう。送りがなをつけない言葉は、漢字だけで書きましょう。（一つ3点）

① 明い（あかるい）照明。（　　）
② 合い図（あいず）を送る。（　　）
③ 川の源と（みなもと）。（　　）
④ 最とも（もっとも）大きい。（　　）
⑤ 夕立ち（ゆうだち）の後。（　　）
⑥ 畑を耕やす（たがやす）。（　　）
⑦ 物置き（ものおき）に運ぶ。（　　）
⑧ 喜しい（よろこばしい）出来事。（　　）
⑨ 大きな志し（こころざし）。（　　）
⑩ 古い建て物（たてもの）。（　　）
⑪ 流れに逆う（さからう）。（　　）
⑫ 王様に仕る（つかえる）。（　　）

2 かなづかいのまちがっている言葉を四つさがして、下に正しく書きましょう。（一つ3点）

かんづめ・こんばんわ
うなずく・おねえさん
もとずく・はずかしい
かたづく・むだずかい
町ぢゅう・そこぢから
おおやけ・おおわれる

（　　）
（　　）
（　　）
（　　）

かなづかいをまちがえやすい言葉ばかりだよ。

3 ――の言葉を、漢字と送りがなで書きましょう。それぞれ漢字は二つずつ使いましょう。（一つ3点）

① 幕がたれさがる。（　　　）（　　　）

② あめあがりの空。（　　　）（　　　）

③ 家にひきかえす。（　　　）（　　　）

④ ききぐるしい音。（　　　）（　　　）

⑤ 雪がふりつもる。（　　　）（　　　）

⑥ 詩をよみあじわう。（　　　）（　　　）

⑦ 季節のうつりかわり。（　　　）（　　　）

⑧ キャンプがまちどおしい。（　　　）（　　　）

⑨ 机をむかいあわせる。（　　　）（　　　）

⑩ うたがいぶかくなる。（　　　）（　　　）

4 かなづかいや送りがなのまちがいに――を引いて、右側に正しく書きましょう。（一つ2点）

〈例〉 きのお、借ていた本を返えした。（う　借りて　返した）

① その昔、都があったとゆう土地お、父と訪た。

② 書き誤まった用紙を丸めて、ごみ箱に捨る。

③ 先生が、易い言葉で、一つづつ説明を補なった。

④ 幼ない子どもが、階段でつまづいて、ひざを痛た。

「しい」で終わる形容詞は、「悲しい」「楽しい」と送りがなをつけるよ。また、「動かす」「向かう」などは、「動く」「向く」と同じように送りがなをつけるよ。

25 仕上げドリル④

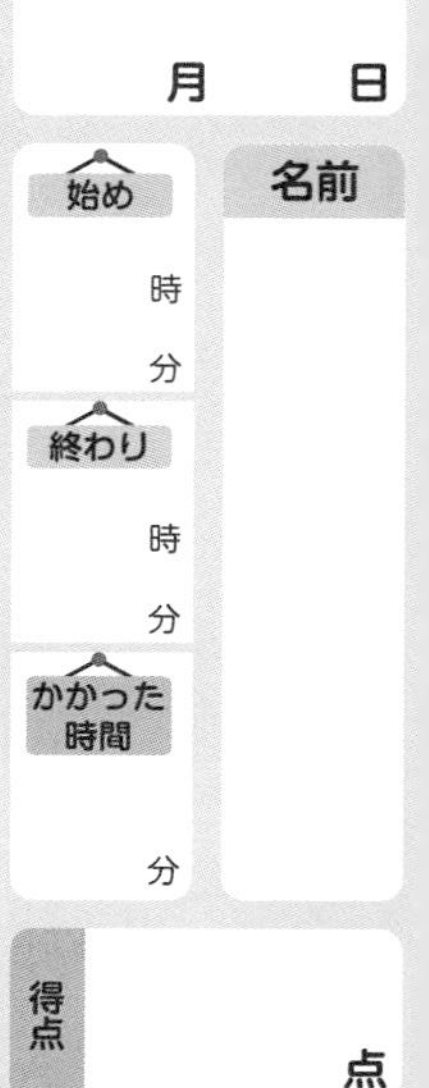

1 □の文章を読んで、後の問題に答えましょう。

わたしが①おさないころから、家族で毎年①続けている行事があります。それは、温泉(おんせん)②旅行をすることです。

秋の中ごろに、海岸沿(ぞ)いにある温泉(おんせん)旅館を②たずねます。そこは露天風呂(ろてんぶろ)が有名で、お湯は肩(かた)こりに効くそうです。遠浅の海をながめながら入る温泉(おんせん)は、体も心も③あたためてくれます。去年、風呂(ふろ)から見た③三日月はとてもきれいでした。

今から、秋がとても待ち④遠しいです。

文を書く力

1 〰の言葉を、漢字と送りがなで書きましょう。（一つ10点）

① おさない（　　　）　② たずねる（　　　）

③ あたためる（　　　）

2 ━の漢字の読みがなを書きましょう。（一つ6点）

① 続けて（　　　）　② 旅行（　　　）

③ 三日月（　　　）　④ 待ち遠しい（　　　）

2 □の文章を読んで、後の問題に答えましょう。

その日は、大型の台風が近ずいていた。ぼくは、かさを持っていない父をむかえに行くことになった。

空は灰色（はいいろ）の雲におうわれて、①あたりはうす暗く、今にも②つめたい雨が①降りそうだった。父が利用している駅に着くと、父は、ちょうど電車を②降りたところだった。

父もぼくを見つけた。ぼくは、父といっしょにかさを差して帰った。

文を書く力

1 かなづかいをまちがえている言葉を二つ見つけて、正しく書き直しましょう。（一つ8点）

（　　　　）（　　　　）

2 ――の漢字の読みがなを書きましょう。（一つ5点）

① 雨が降る。（　　）
② 電車を降りる。（　　）

3 〰〰の言葉を、漢字と送りがなで書きましょう。（一つ10点）

① あたり（　　　　）
② つめたい（　　　　）

1 ②、**2** ①「ず」と「づ」、「う」と「お」のかなづかいに注意しよう。
2 ②送りがなに合う読みがなを書こう。

文の組み立て①

月　日

名前

始め　時　分　終わり　時　分　かかった時間　分

得点　点

1 次の文の主語と述語を書きましょう。（一つ4点）

① 音楽室の方から、一年生たちの楽しい歌声が聞こえた。

主語（　　　）　述語（　　　）

② 学校からの帰り、ぼくは、おばあさんに道をたずねられた。

主語（　　　）　述語（　　　）

③ この前の休みの日、わたしと友子（ともこ）さんは、市の美術館での展覧会（てんらんかい）に行った。

主語（　　　）　述語（　　　）

④ 兄の部屋（へや）のかべには、アイドル歌手のポスターや写真が、いっぱいはってある。

主語（　　　）　述語（　　　）

2 ――の言葉が修飾（しゅうしょく）している言葉を書きましょう。（一つ6点）

① 田中（たなか）君が、病気で学校を休んだので、代わりに当番をした。

（　　　）

② 空が急に暗くなって、とつ然、かみなりの大きな音が鳴った。

（　　　）

③ たくさんの魚が、気持ちよさそうに、広い水そうの中をすいすい泳いでいる。

（　　　）

3 次の文の組み立てを書きましょう。　（一つ2点）

1 強い風が、集めたかれ葉をばらばらにふき飛ばした。

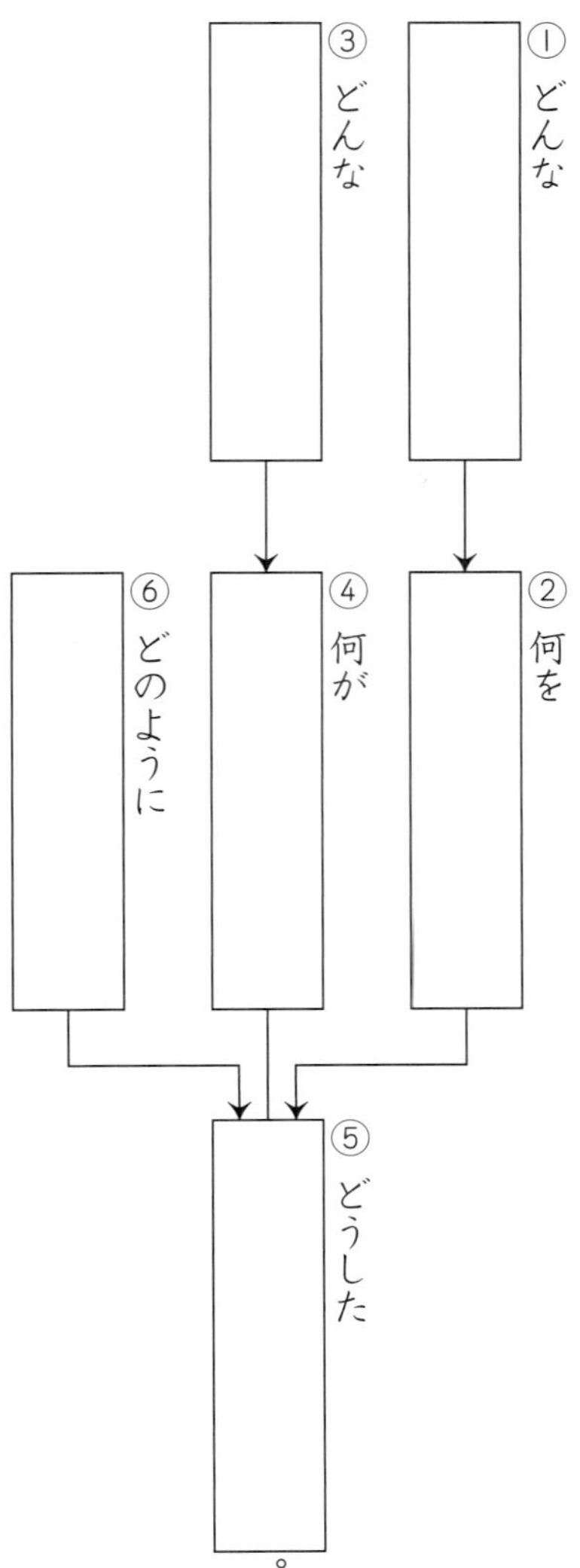

2 森の植物は、いろいろな動物たちに多くの食物を提供している。

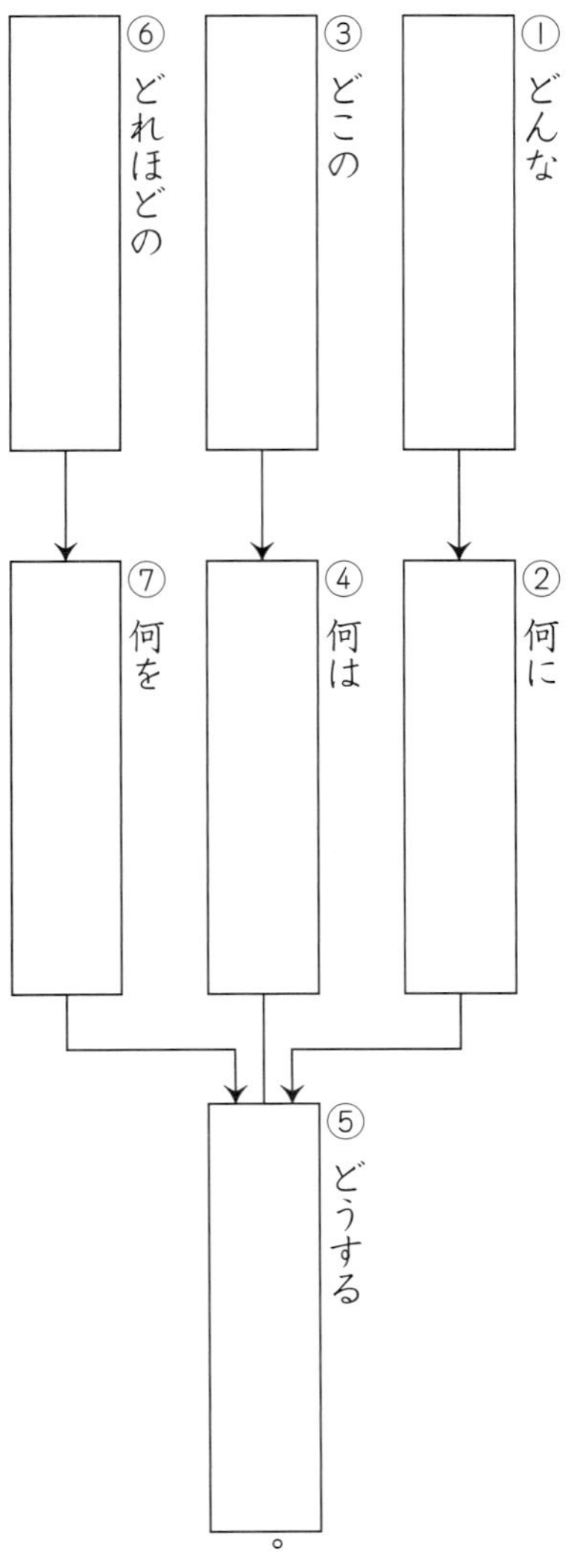

4 太字の言葉を修飾しているすべての部分に、——を引きましょう。　（一つ8点）

1 わたしたちは、お祭りでにぎわう駅前の**大通り**をゆっくりと歩いた。

2 兄は、おそろしいほどの真剣な**顔つき**で、父に一生けんめい話をしていた。

3 美しい草花が一面にさいている広い**野原**を、白い馬にまたがった少年がかけていく。

修飾する言葉は、ふつう修飾される言葉の前にあるよ。ただし、**4**のように、一つの言葉だけとは限らないので注意してね。

27

文の組み立て②

月　日

名前

始め　時　分

終わり　時　分

かかった時間　分

得点　点

1 〈例〉のように、主語に――を、述語に‖を、修飾語(しゅうしょくご)に〜〜を引きましょう。（一つ2点）

〈例〉父が　作った　いすは　じょうぶだ。

❶ 弟が　食べた　バナナは　大きい。

❷ 虫の　鳴く　秋が　近づいてきた。

❸ これは、姉が　使っていた　かばんだ。

❹ わたしは、飛行機が　飛んでいくのを　見た。

「いすは」「じょうぶだ」の主語・述語のほかに、修(しゅう)飾語(しょくご)の中にも、主語・述語の関係があるね。このような文を「複文(ふくぶん)」というよ。

2 ――の言葉が修飾(しゅうしょく)している言葉を、それぞれ書きましょう。（一つ2点）

❶ ①桜の花びらが、②静かに、③はらはらと散った。

①桜の（　　　）　②静かに（　　　）

③はらはらと（　　　）

❷ ①青い空の②あちこちに、③白い雲が④ふわふわうかんでいる。

①青い（　　　）　②あちこちに（　　　）

③白い（　　　）　④ふわふわ（　　　）

❸ ①大きな犬が②ワンワンほえて、③小さな女の子が④ワーワー泣いた。

①大きな（　　　）　②ワンワン（　　　）

③小さな（　　　）　④ワーワー（　　　）

3 次の文と同じ種類の文を［　］から選んで、記号を書きましょう。（一つ4点）

1. それは、ぼくが飼っている犬です。（　　）
2. 妹は本を読み、弟はテレビを見る。（　　）
3. 台風のため、風が強くなってきた。（　　）
4. 父とわたしは、駅前の大きなデパートで洋服を買った。…（　　）
5. 母は自動車で会社へ行き、兄は自転車で学校へ行く。……（　　）
6. 昨日、ぼくが世話してきたひまわりの花がさいた。………（　　）

主語と述語が二つずつ、対等な関係でつながっている文が「重文」だよ。

㋐ 雨がはげしく降る。（単文）
㋑ 雪の降る冬が来た。（複文）
㋒ 風がふき、雨が降る。（重文）

4 〔　〕の言葉を文の主語にして、二つの文を一つの複文に書きかえましょう。（一つ7点）

〈例〉
父がいすにこしかけた。〔父〕
兄がいすを作った。
（父は、兄が作ったいすにこしかけた。）

1. みんなが料理を食べた。〔みんな〕
ぼくが料理を作った。
（みんなは、　　　　）

2. ぼくが雑誌を読んだ。〔ぼく〕
兄が雑誌を買ってきた。
（ぼくは、　　　　）

単文・重文・複文のちがいを、しっかり覚えておこう。重文と複文は、二つの文に分けてみて、その組み立てを図に表してみるとわかりやすいよ。

仕上げドリル⑤

1 □の文章を読んで、後の問題に答えましょう。

　先週の日曜日、ぼくは兄が出場する野球の試合を観戦した。

　兄は野球部に入っている。いつも夜おそく帰ってくるが、食事をした後も庭でバットをふっている。そんな姿（すがた）を見て、いつか兄の試合の応援（おうえん）に行きたいと思っていた。

　試合は熱戦となっていた。味方のチャンスで兄の出番がやってきた。兄の打ったボールがグラウンドを転々とする。兄は必死で走り、ぼくは力の限り応援（おうえん）した。

　試合は、兄のチームが勝利を収（おさ）めた。勝って喜ぶ兄の勇ましい姿（すがた）を見て、ぼくは兄をほこりに思った。

① 「観戦した」の主語を書きましょう。（10点）

（　　　　　　）

読み取る力
② 「転々とする」とありますが、何が転々としたのですか。（15点）

（　　　　　　）

③ 〰〰の文は、「単文（たんぶん）・重文（じゅうぶん）・複文（ふくぶん）」のうち、どの種類の文ですか。（15点）

（　　　　　　）

2 □の文章を読んで、後の問題に答えましょう。

この前の休みの日、わたしと妹は水族館へ行った。

水族館には、たくさんの人が訪(おとず)れていた。中でも、特殊(とくしゅ)な水槽(すいそう)から深海魚を見ることができるコーナーには、人だかりができていた。わたしたちは、水槽(すいそう)のすみの方から深海魚を見ることができた。深海魚の姿(すがた)は、ふだん、わたしが目にする魚とは、異質(いしつ)だと思った。

1 水族館へ行ったのは、だれですか。（15点）

（　　　　　　）

2 読み取る力　人だかりができていたのは、どこですか。文章中に——を引きましょう。（15点）

3 読み取る力　「わたしたち」は、どこから深海魚を見たのですか。（15点）

（　　　　　　）

4 読み取る力　深海魚の姿(すがた)を見て、「わたし」は、どう思ったのですか。（15点）

（　　　　　　）

2 ❶「だれ」は主語を、❷❸「どこ」は場所を表す言葉に注目しよう。

29 文をつなぐ言葉・こそあど言葉①

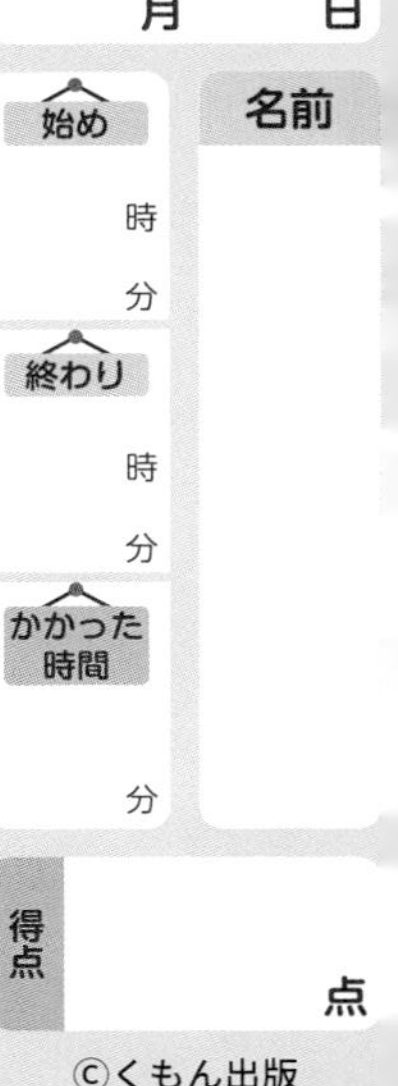

1 次の、文をつなぐ言葉の働きを下から選んで、記号を書きましょう。（一つ5点）

① では（　）
② だが（　）
③ または（　）
④ さらに（　）
⑤ それで（　）
⑥ つまり（　）

ア 話題を変える。
イ 前のことがらに後のことがらを付け加える。
ウ 前のことがらの説明をする。
エ 前のことがらと反対のことがらを後に続ける。
オ 前のことがらを理由として、後に結果が続く。
カ 前のことがらと後のことがらを比べたり、どちらかを選んだりする。

2 （　）に合う言葉を、［　］から選んで書きましょう。（一つ7点）

① テストで百点を取った。（　　）、二教科続けてだ。

［でも・しかも・だから・それとも］

② 期限は、十月三十日だ。（　　）、あと二週間しかないことになる。

［ただし・または・すなわち・ところが］

③ クラスの代表選手は、中村(なかむら)君になるだろうか。（　　）、橋(はし)本(もと)君が選ばれるだろうか。

［なぜなら・ところで・それから・それとも］

3 ――の言葉を、「こそあど言葉」に書きかえましょう。（一つ7点）

❶ 運動場でメモ帳を拾った。メモ帳を職員室へ持っていった。…（　　）

❷ 駅までバスに乗っていった。バスの中は、学校帰りの学生で満員だった。…（　　）

❸ 公園のふん水の前で待ち合わせた。公園のふん水の前で、三十分くらい待った。…（　　）

文を書く力 **4** 〔また・だが・すると〕から、合う言葉を選んで使い、二つの文に作りかえましょう。（一つ7点）

〈例〉 雨が降ったが、すぐにやんだ。
（雨が降った。だが、すぐにやんだ。）

❶ 早くねたが、ねぼうをした。
（　　）

❷ 店の中に入ると、すぐに店員がやって来た。
（　　）

❸ 近くの書店へ行ったけれど、今日は定休日だった。
（　　）

❹ 玄関のベルを鳴らしたし、大声で呼んでもみた。
（　　）

4では、読点の前と後のまとまりが、どのような関係でつながっているかを考えてから、つなぐ言葉（接続語）を選ぶといいよ。

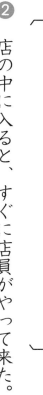

30 文をつなぐ言葉・こそあど言葉②

月　日　名前

始め　時　分　終わり　時　分　かかった時間　分　得点　点

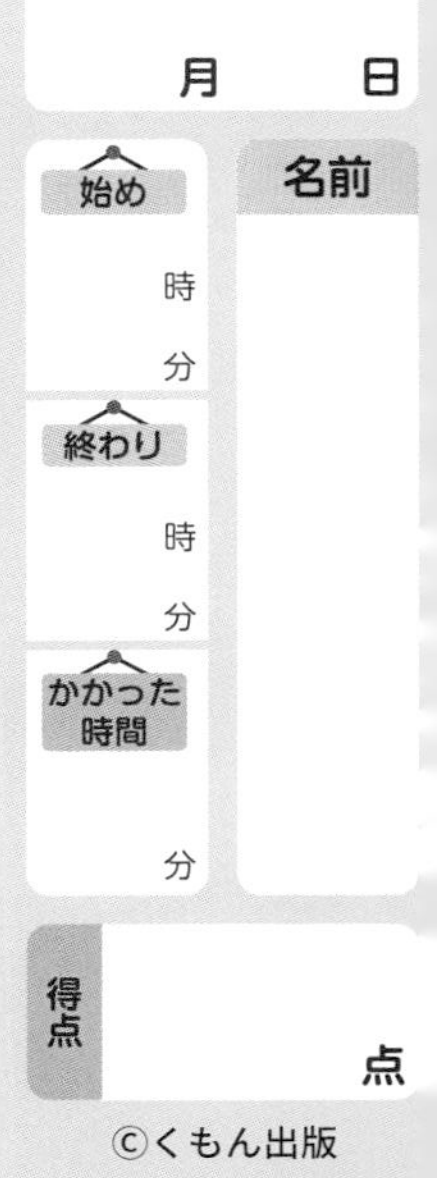

1 （　）に合う言葉を、［　］から選んで書きましょう。（一つ6点）

① 家に着く（　　）、急に大つぶの雨が降ってきた。

② いくら食べ（　　）、おなかがいっぱいにならない。

③ あちこち探した（　　）、本は見つからなかった。

④ つり橋は危ない（　　）、注意してわたった。

⑤ 夏休みは、海で泳い（　　）、山に登ったりした。

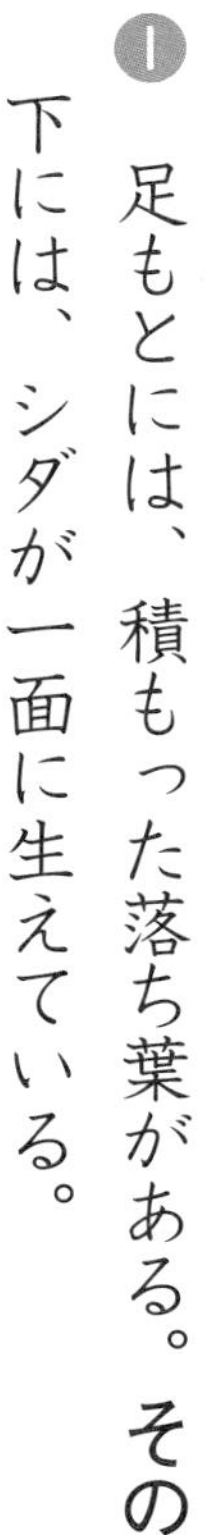

［ て ・ と ・ ので ・ のに ・ だり ・ ても ］

2 読み取る力

太字の「こそあど言葉」は、それぞれ何を指していますか。（　）に書きましょう。（一つ7点）

① 足もとには、積もった落ち葉がある。**その**下には、シダが一面に生えている。

② 一本の道しかない。森で働く人にとって、**それ**は大切で貴重な道である。

③ 森林には多くの動物がすむ。**それら**にとって、**そこ**はたいへん重要な生活環境である。

① その（　　）

② それ（　　）

③ それら（　　）　そこ（　　）

読み取る力 3

太字の「こそあど言葉」が指している部分に、——を引きましょう。（一つ7点）

1 かべに、美しい山の風景の写真がかざってある。わたしも、**そんな**風景を実際に見てみたい。

2 ある日、わたしは、太平洋に向かう小型の船に乗った。**その中で**とても楽しい体験をした。

3 地表には、落ち葉や動物たちの死がいがくさってできたやわらかい土がある。**この土**には、たくさんの栄養分がふくまれている。

文を書く力 4

［と・ば・のに・ので］から、合う言葉を選んで使い、一つの文に作りかえましょう。（一つ7点）

〈例〉 何度も呼んだ。けれど、返事がない。
〔何度も呼んだのに、返事がない。〕

1 荷物はとても重い。しかし、一人で持ってきた。

〔　　　　〕

2 たくさんの荷物があった。だから、みんなで運んだ。

〔　　　　〕

3 電車が、長いトンネルを通りぬけた。すると、まぶしい日ざしが飛びこんできた。

〔　　　　〕

「こそあど言葉」の指す内容は、「こそあど言葉」より前に出ていることが多いよ。また、指している内容は、単語や一文、段落全体のこともあるので、注意しよう。

31 仕上げドリル⑥

月　日　名前

始め　時　分　終わり　時　分　かかった時間　分　得点　点

1 □の文章を読んで、後の問題に答えましょう。

> 中学校では、いろいろなことに挑戦（ちょうせん）していきたい。
>
> 勉強では、「算数」が「数学」に名前を変え、内容も難（むずか）しくなる。［①］、中間や期末のテストがあるので、よい点を取れるようにがんばっていきたい。
>
> 部活動は、入部先に迷っている。サッカー部もいいし、野球部もいい。［②］、テニス部も興味がある。［どれ］に入っても、レギュラーを目指してがんばりたい。

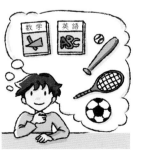

① ［①］、［②］に入る言葉を選んで、○をつけましょう。（一つ10点）

［①］
- ア（　）また
- イ（　）さて
- ウ（　）でも

［②］
- ア（　）だから
- イ（　）しかし
- ウ（　）さらに

② 「ので」と同じような働きをする、文をつなぐ言葉を選んで、（　）で囲みましょう。（10点）

〔　ところが　・　それで　・　それとも　〕

読み取る力

③ ［どれ］に合うものを選んで、○をつけましょう。（10点）

- ア（　）サッカー部
- イ（　）サッカー部か野球部
- ウ（　）サッカー部か野球部かテニス部

2 [　]の文章を読んで、後の問題に答えましょう。

今日（きょう）は、大好きな作家の新しい本の発売日です。

わたしは、早く本が読みたいと思い、朝から本屋さんへ行きました。[①]、その本は売っていませんでした。仕方なく、となり町にある本屋さんに行きましたが、①[そこ]にも売っていません。あきらめきれないわたしは、父にたのんで、もっとはなれた別の町の本屋さんへ連れていってもらいました。[②]、②[そこ]にもありませんでした。

そのとき、そこにはられているポスターを見て気づきました。本の発売日は明日（あした）だったのです。

1 [①]、[②]に入る言葉を選んで、○をつけましょう。（一つ10点）

[①]
- ア（　）それで
- イ（　）しかし
- ウ（　）しかも

[②]
- ア（　）それから
- イ（　）ところで
- ウ（　）ところが

2 読み取る力

①・②の[そこ]は、何を指していますか。（一つ15点）

①（　　　　）

②（　　　　）

3 文章中の「が」と同じ働きをしている文に、○をつけましょう。（10点）

ア（　）大きな犬が、近くに寄ってきた。

イ（　）犬は大きいが、おとなしかった。

2 ❷の「そこ」は、場所を表す言葉だよ。また、文をつなぐ言葉（接続語）は、それぞれの言葉の働きのちがいをしっかり覚えておこう。

32 いろいろな言い方①

月　日　名前
始め　時　分　終わり　時　分　かかった時間　分
得点　点

1 〔　〕のことを強調したいとき、どの言葉を強めて発言するとよいですか。強めて発言する言葉を書きましょう。（一つ5点）

〈例〉 昨日、川上君と郵便局で会った。〔どこ〕→（郵便局で）

❶ 昨日、川上君と郵便局で会った。〔だれ〕→（　　　）
　 昨日、川上君と郵便局で会った。〔いつ〕→（　　　）

❷ 明日、図書館で山下君と勉強する。〔どこ〕→（　　　）
　 明日、図書館で山下君と勉強する。〔いつ〕→（　　　）

❸ この花は、森さんが家から持ってきた。〔だれ〕→（　　　）
　 この花は、森さんが家から持ってきた。〔どこ〕→（　　　）

2 方言を使っている文を四つ選んで、◯をつけましょう。（一つ5点）

ア（　）もう花がうんとさいちゅう。
イ（　）近くだから、自分のが大きく見えるんだよ。
ウ（　）あんこど、どごさ行くんだべ。
エ（　）早く来ないと、とうもろこしだって、うれ過ぎるわ。
オ（　）わたし、おとといから、毎日おむかえに来てたのよ。
カ（　）どえりゃあ大きいエビがあるがね。
キ（　）そぎゃんもこぎゃんもいいばってん……。
ク（　）あめを作ったり、あま酒をこしらえたりしましょう。

3 人から聞いた言い方（伝聞表現）の文に「聞」を、様子をおし量る言い方（推量表現）の文に「お」を書き、どちらでもないものに◯をつけましょう。（一つ5点）

① 週末は、雨が降るということだ。……（　）

② 今度の試合は、先生も見に来るそうだ。…（　）

③ 春になると、いろいろな花がさきそうだ。（　）

④ この池では、魚つりをしてはいけません。（　）

⑤ あの雲は、まるで綿がしのようだ。……（　）

⑥ 兄は、買い物に行ったようだ。…………（　）

文を書く力 4

4 ――の言葉を、何にたとえていますか。たとえている言い方を書きましょう。（一つ5点）

① 赤いほのおは、まるで生き物のようにあれくるった。（　）

② 高層ビルから下を見ると、人や車が米つぶのように見えた。（　）

③ バケツの水をひっくり返したような大雨だった。（　）

④ 青い絵の具でぬりつぶしたような夏の空に、ぽっかり白い雲がうかんでいる。（　）

たとえる言い方（比喩）を使うと、その様子がありありと想像できるよね。作文などで効果的に使えるようにしよう。

33 いろいろな言い方②

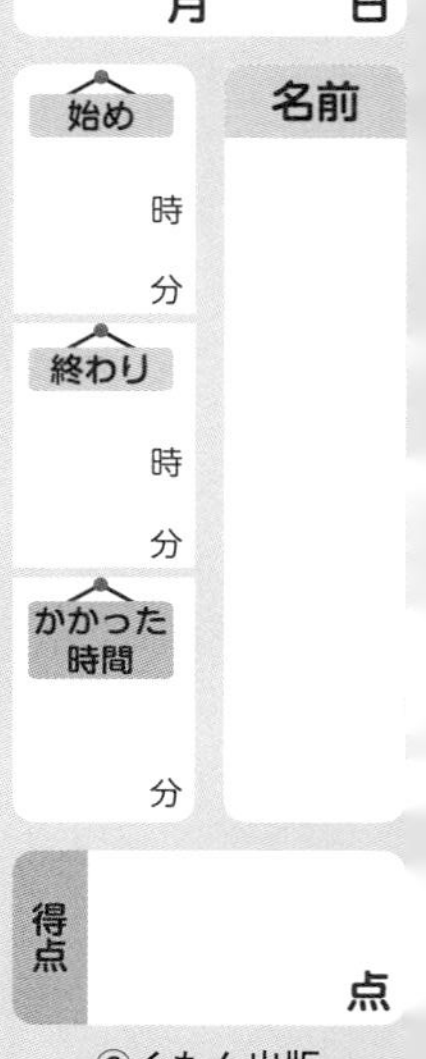

1 強めた言い方をしているほうの文に、○をつけましょう。（一つ4点）

①
（　）そんな所へは、行ったことがありません。
（　）そんな所へは、行ったこともありません。

②
（　）わたしの家には、ねこが五ひきいます。
（　）わたしの家には、ねこが五ひきもいます。

③
（　）お父さんの日に焼けた太いうで。
（　）お父さんの太いうでは、日に焼けていた。

④
（　）暮れかけた空をすいすいと飛ぶ赤とんぼ。
（　）赤とんぼが、暮れかけた空をすいすいと飛ぶ。

⑤
（　）ベッドの下に、弟のおもちゃがあった。
（　）弟のおもちゃがあった、ベッドの下に。

文末が物事の名前（名詞）で終わる表現を、「名詞止め（体言止め）」というよ。

2 文を書く力

〈例〉のように、次の文を倒置の文に書きかえましょう。（一つ6点）

〈例〉　あれは何かしら。→（何かしら、あれは。）

① 雨が降ってきた。→（　　　）

② 宝物を見つけた。→（　　　）

③ 向こうへ行きなさい。→（　　　）

④ ぼくたちは、どうなるんだろう。
→（　　　）

3 〈例〉のように、次の文を強めた言い方の文に書きかえましょう。（一つ8点）

〈例〉 喜ばない人はいない。
（喜ばない人がいるでしょうか。）

① 平和を願わない人はいない。
（　　　　）

② 争いを起こしたいなどと考えている人はいない。
（　　　　）

〈例〉 失敗するなど、考えられなかった。
（失敗するなど、どうして考えられましょう。）

③ 試合に負けるなど、予想できなかった。
（　　　　）

④ あの人が約束を破るなんて、信じられなかった。
（　　　　）

4 正しい文になるように、――の言い方を直しましょう。（一つ8点）

① 運動場で、サッカーをしたり、ドッジボールを<u>して遊んだ</u>。…（　　　　）

② 夜空には、美しい宝石(ほうせき)のように、たくさんの星が<u>かがやかせていた</u>。…（　　　　）

③ 軽い運動をすることは、<u>体力作りぐらいでなく</u>、健康を保つのにも役立つ。…（　　　　）

言い方を強める方法(強調表現)には、いろいろなものがあるね。このほかにも、同じ言葉をくり返す言い方などが、よく使われるよ。

34 いろいろな言い方③

月　日　名前

始め　時　分　終わり　時　分　かかった時間　分

得点　点

1 次の文のよくない点を［　］から選んで、記号を書きましょう。（一つ6点）

❶ 会に出席したのは、出席した三人だけだった。……（　　）

❷ わたしは、遠くに見える汽船が白いけむりを出した。…（　　）

❸ 新しいくつとかぼうしとを買いに、母と出かけた。……（　　）

❹ ぼくの将来（しょうらい）の夢は、父のような医者になる。……（　　）

❺ 道路は、帯のように果てしなく白い続いていた。……（　　）

ア　主語と述語の関係が正しくない。
イ　修飾語（しゅうしょくご）と修飾（しゅうしょく）される語の関係が正しくない。
ウ　言葉の並（なら）べ方（かた）が正しくない。
エ　必要がないのに、同じ言葉をくり返し使っている。

2 （　）の言葉を主語にして、使役（しえき）の文に書きかえましょう。（一つ9点）

〈例〉 みんなが、絵をかく。（先生）
〔先生が、みんなに絵をかかせる。〕

❶ 赤ちゃんが、ミルクを飲む。（母親）

〔　　　　　　　　〕

❷ ぼくが、届（とど）いた荷物を開けた。（父）

〔　　　　　　　　〕

3 次の文を、受け身の文に書きかえましょう。（一つ8点）

〈例〉 母が、わたしを呼んだ。
（わたしは、母に呼ばれた。）

① 担任の先生が、ぼくをほめた。
（　　　　）

② 議長が、田中さんの提案を採り上げた。
（　　　　）

③ 緑色のこけが、がけの岩はだをおおっている。
（　　　　）

④ せみの鳴き声が、夏の暑さをいっそう強めている。
（　　　　）

文を書く力

4 必要な言葉を補って、意味の通じる二つの文にしましょう。（一つ10点）

① わたしたちの住む町に、去年図書館や、二年後には博物館もできるそうです。

［　　　　］

② 家の近くにあった公園で、よくおにごっこをして遊び、そこにはいろいろな草花が生えていた。

［　　　　］

1・**4**のような文を書いていることはないかな？　あわてて書いてしまうと、このようにおかしい文になってしまうことがあるから、書いた文は、読み返すようにしよう。

35 仕上げドリル⑦

月　日　名前

始め　時　分　終わり　時　分　かかった時間　分　得点　点

1 □の文章を読んで、後の問題に答えましょう。

最近、友達とおかし作りをしています。この間は、ケーキ作りに挑戦(ちょうせん)しました。

二人(ふたり)で何度も何度も相談しながら材料を買いました。ていねいに作り上げて完成させたケーキ。食べてみると、口の中がとろけるようなあまさでした。あまりにもおいしくできたので、妹と弟にも□てあげました。

ケーキがおいしく作れたのも、友達との協力があったからです。また二人(ふたり)で、いろいろなおかしを作りたいと思います。

❶ 言葉をくり返して、意味を強めている言い方を書きましょう。（15点）

（　　　　）

❷ 文末を名詞(めいし)で終えて、意味を強めている文を書きましょう。（15点）

（　　　　）

❸ □に入る言葉を選んで、○をつけましょう。（10点）　文を書く力

ア（　）食べられ

イ（　）食べさせ

ウ（　）食べ

2 □の文章を読んで、後の問題に答えましょう。

「どうして起こしてくれなかったの。」

わたしは母に文句を言った。

母は、何度も起きるようにと声をかけたそうだ。

しかし、わたしが起きなかったのだ。どうして朝起きることができないのだろう、わたしは……。

「早く、自分で起きられるようになりなさい。」

わたしは、母にしかられてしまった。

早起きして、朝日を一身に浴びる朝。それが実現できるよう、明日(あす)はがんばりたい。

① 人から聞いた言い方(伝聞表現)の文に、――を引きましょう。(15点)

② 命令の言い方の文に、〰〰を引きましょう。(15点)

文を書く力

③ 倒置(とうち)の文をさがして、ふつうの言い方の文に書きかえましょう。(15点)

(　　　　)

④ 文末を名詞(めいし)で終えて、意味を強めている言い方の文を書きましょう。(15点)

(　　　　)

1②、2④では、文末は名詞(めいし)になっているよ。2③倒置(とうち)の文は、述語を文末にもどすとふつうの文になるよ。

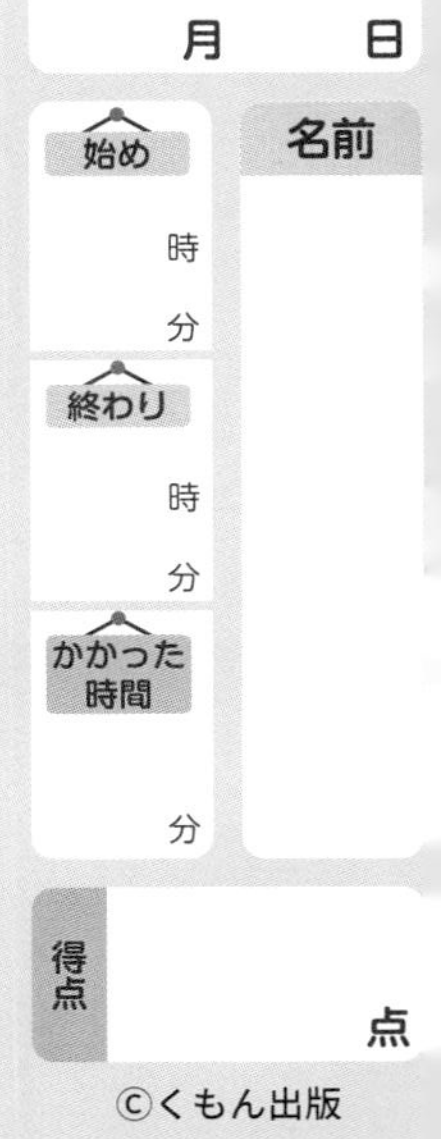

36 短歌・俳句

月　日　名前

始め　時　分　終わり　時　分　かかった時間　分

得点　点

1 次の文の（　）に合う言葉を、[　]から選んで書きましょう。（一つ3点）

短歌と俳句は、❶（　　　）の詩歌で、昔から多くの人々に親しまれてきた。❷（　　　）は千三百年以上、❸（　　　）は四百年ほどの歴史がある。短歌は五・七・五・七・七の❹（　　　）で、俳句は五・七・五の❺（　　　）で作られるのが原則である。また、俳句には、季節を表す「❻（　　　）」を入れて表現するのが、決まりとなっている。

短歌・季語・リズム・日本独特
俳句・文語・十七音・三十一音

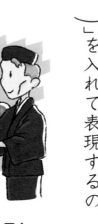

2 ──の言葉を、現代のかなづかいで右側に書きましょう。（一つ3点）

❶ たはむれに母を背負ひてそのあまり軽きに泣きて三歩あゆまず

❷ 東の野にかぎろひの立つ見えてかへり見すれば月かたぶきぬ

❸ くれなゐの二尺のびたるばらの芽の針やはらかに春雨の降る

❹ 金色のちひさき鳥のかたちして銀杏ちるなり夕日のをかに

❺ ひさかたの光のどけき春の日にしづ心なく花の散るらむ

3 次の俳句の「季語」を（　）に、その季節を□に書きましょう。（一つ3点）

1 名月や池をめぐりて夜もすがら　（　　）・□

2 五月雨をあつめて早し最上川　（　　）・□

3 雪とけて村いっぱいの子どもかな　（　　）・□

4 赤とんぼ筑波に雲もなかりけり　（　　）・□

5 夕だちや草葉をつかむむらすずめ　（　　）・□

6 いくたびも雪の深さを尋ねけり　（　　）・□

4 一つの俳句・短歌になるように、番号をつけましょう。（全部できて一つ4点）

1
（　）すみれぐさ
（―）山路来て
（　）何やらゆかし

2
（　）菜の花や
（　）日は西に
（　）月は東に

3
（　）ふぐをつりをり
（　）子ども七人
（　）こしかけて
（　）石がけに
（　）夕焼け小焼け

4
（　）子どもらと
（　）この里に
（　）くれずともよし
（　）てまりつきつつ
（　）遊ぶ春日は

短歌と俳句の歴史やきまりを覚えておこう！ **4**では、音の数からも、言葉の順序をおし量ることができるよ。

37 敬語の使い方①

1 ——の敬語の種類を［　］から選んで、記号を書きましょう。（一つ4点）

❶ 向こうに見える建物が、美術館です。（　　）

❷ 次の休日には、必ず参ります。……（　　）

❸ お客様が食事をめし上がっています。（　　）

❹ 市の観光名所を案内して差し上げた。（　　）

❺ 校長先生が、教室にいらっしゃった。（　　）

❻ 高原のいたる所に、白い小さな花がさいていました。（　　）

ア 尊敬語　　イ けんじょう語　　ウ ていねい語

ていねい語は「です」「ます」を使う言い方、尊敬語は相手を敬う言い方、けんじょう語は自分をへりくだる言い方だよ。

2 〈例〉のように、次の言葉を尊敬語に書きかえましょう。（一つ4点）

〈例〉 言う→（言われる）

❶ 話す→（　　）　❷ 述べる→（　　）

❸ 書く→（　　）　❹ かける→（　　）

〈例〉 待つ→（お待ちになる）

❺ 話す→（　　）　❻ 受ける→（　　）

❼ 寄る→（　　）　❽ つかれる→（　　）

3 〈例〉のように、次の言葉をけんじょう語に書きかえましょう。（一つ4点）

〈例〉 会う→（お会いする）

① 話す→（　　　　）　② 訪(たず)ねる→（　　　　）

③ 願う→（　　　　）　④ 届(とど)ける→（　　　　）

4 ――のけんじょう語の意味に合うほうに、○をつけましょう。（一つ4点）

① 父はすぐ参ります。（　）来ます。（　）帰ります。

② 先生の絵を拝見(はいけん)しました。（　）聞きました。（　）見ました。

③ 夏休みに、先生のご自宅(じたく)にうかがった。（　）行った。（　）呼(よ)ばれた。

5 ――の言葉を、ていねい語に書きかえましょう。（一つ4点）

① おじさんが帰るそうだ。→（　　　　）

② もうすぐバスが来るだろう。→（　　　　）

③ 実験の結果をまとめよう。→（　　　　）

④ 物語の題名が思い出せない。→（　　　　）

尊敬語(そんけいご)には、「いらっしゃる」などの特別な言葉と、「れる」「られる」を使った言葉、「お待ちになる」などの「お―になる」という形を使った言葉があるよ。

敬語の使い方②

1 ――の敬語の使い方が正しいほうに、○をつけましょう。（一つ4点）

① （　）係の人が、わたしたちをご案内しました。
　（　）お客様を席までご案内しました。

② （　）母は、家にいらっしゃると思います。
　（　）先生は、職員室にいらっしゃると思います。

③ （　）わたしが、そちらのお宅にお出かけになった。
　（　）先生は、どちらにお出かけになったのですか。

④ （　）校長先生が、わたしたちにおっしゃいました。
　（　）弟が、わたしや妹にきつくおっしゃいました。

2 ――の敬語の使い方が、正しいものは○をつけ、まちがっているものは、正しい敬語を書きましょう。（一つ5点）

① わたしがおたずねになります。（　　　）

② ぼくがご説明になります。（　　　）

③ 先生の申されるとおりです。（　　　）

④ 先生はどちらへ参られるのですか。（　　　）

⑤ おじさんにお年玉を頂きました。（　　　）

⑥ ぼくが委員会でご報告になります。（　　　）

3 ——の言葉を、尊敬語かけんじょう語の特別な言葉に書きかえましょう。（一つ6点）

〈例〉 先生が注意をする。（なさる）

1. その仕事はわたしがする。…（　　）
2. お客様が家に来る。…………（　　）
3. 母がこちらに来る。…………（　　）
4. 先生の言うことをよく聞く。（　　）
5. 父からのことづけを言う。…（　　）

4 次の文を、敬語を使った文に書きかえましょう。（一つ6点）

1. あの人は、だれでしょう。

（　　）

2. おじさんにおみやげをもらいました。

（　　）

3. 明日、わたしがそちらへ行きます。

（　　）

4. 応接間にお客様がいました。

（　　）

敬語は、まちがった使い方をすると、相手に失礼になるよ。だれの動作や持ち物なのかを考えて、三種類の敬語を使い分けよう！

39 仕上げドリル⑧

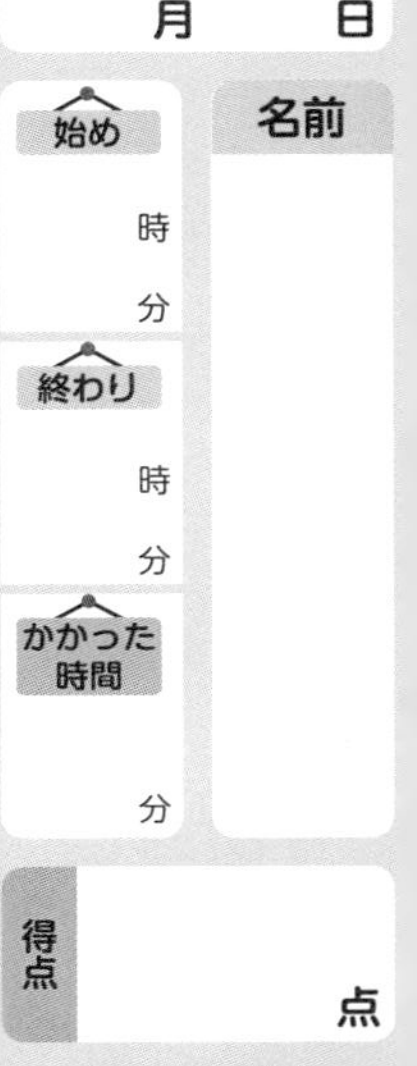

1 □の文章を読んで、後の問題に答えましょう。

わたしがいちばん好きな俳句は、

古池や蛙飛びこむ水のおと

です。池に蛙が飛びこむときの音の大きさが、とても気になりました。聞こえるか聞こえないかぐらいの小さな音なのでしょうか、それとも、びっくりするくらいの大きな音なのでしょうか、想像をかきたてられます。また、「蛙」という言葉が春の情景をうかばせるのも好きな理由の一つです。

❶ 俳句は、どのような音数で作られていますか。（　）に合う言葉を書きましょう。（一つ5点）

五・①（　　）・②（　　）の③（　　）音

❷ この俳句の季語と季節を書きましょう。（一つ10点）

① 季語（　　）　② 季節（　　）

❸ 短歌は、どのような音数で作られていますか。（　）に合う言葉を書きましょう。（一つ5点）

五・七・五・①（　　）・②（　　）の③（　　）音

2 □の文章を読んで、後の問題に答えましょう。

先ほど、校長先生から卒業証書をもらったとき、「中学へ行ってもがんばりなさい。」と声をかけていただきました。校長先生が言ったこと、そして、卒業式の前に担任の山本先生が言われたことは忘れません。

本日、わたしたちは小学校を卒業します。小学校の六年間で学んだことを胸に、中学校でも勉強や部活動に一生けんめい取り組みたいと思う。

1 「もらった」、「言った」を、尊敬語かけんじょう語の特別な言葉に書き直しましょう。（一つ10点）

① もらった →（　　　）

② 言った →（　　　）

2 「思う」を、ていねい語に書き直しましょう。（10点）

思う →（　　　）

3 次の――の言葉を、正しい敬語に書き直しましょう。（一つ10点）

① 父がそちらへ行く。（　　　）

② お客様が食事をする。（　　　）

相手の動作などを敬うときは「尊敬語」を使うよ。自分や身内の人の動作などは「けんじょう語」を使うよ。

40 テスト①

月　日　名前

始め　時　分　終わり　時　分　かかった時間　分

得点　点

1 次の文章を読んで、下の問題に答えましょう。

㋐ノリオのはだしの片足（かたあし）が、ボチャリとすきとおった水に入る。ひやっと①つめたい三月の水。

冬ズボンのすそをたくし上げて、ノリオは川をわたりだす。三月の川のつめたさに、キャッキャッと一人（ひとり）笑いながら。

川はいつのまにか笑いをやめて、ひたひたとノリオを取り巻（ま）いた。あとからあとから流れ②よせる銀色の水のまん中で、ノリオは、はっと**立ちすくみます**。

ザアザアとおしよせてくるこわい川。川は今ノリオをおし流して、川下へさらっていくのではないか。ノリオのくりの木のげたのように。

❶ 次の言葉を、漢字と送りがなで書きましょう。（一つ7点）

① つめたい（　　　）

② よせる（　　　）

❷ 79ページの文章から、名詞止（めいしど）め（体言止（たいげんど）め）が使われている文を二つさがして、終わりの四字を書きましょう。（一つ7点）

□□□□

□□□□

（句点は、入れない。）

❸ 79ページの文章から、擬音語（ぎおんご）（音を表す言葉）を三つさがして書きましょう。（一つ6点）

（　　　）

（　　　）

（　　　）

❹ 「**立ちすくみます**」を、ふつうの言い方に書きかえましょう。（7点）

（　　　）

おびえてわあっと泣きかける時、だれかの手がノリオの体をひっとらえ、安全な川っぷちの砂（すな）の上に、ノリオは無事に引き上げられる。

流したはずのくりの**げた**も、ちゃんと二つ、川から取りもどされ、ノリオは小さいおしりのはた（はし）に、母（かあ）ちゃんのおしおきをうんと**もらう**。

ノリオ、ノリちゃん、この悪ぼうず。今度川へなんぞ入ったら、このおしりにやいと（おきゅう）をすえてやろ……。

川はしばらくだまっている。泣いてる子どもなんか**知らない**よ、というように、大根のかれっ葉をうかべながら、すましこんでさらさら流れていく。

（令和2年度版　教育出版　ひろがる言葉　小学国語6上　84～101ページ　『川とノリオ』　いぬい　とみこ）

5　――の述語に対する主語を書きましょう。（一つ6点）

①　ひっとらえ……（　　）

②　引き上げられる（　　）

6　「げた」を修飾（しゅうしょく）している言葉を書きましょう。（7点）

（　　）

7　次の言葉を、ていねいな言い方に書きかえましょう。（一つ7点）

①　**もらう**（　　）

②　**知らない**（　　）

8　上の文章で、（　）を入れわすれたところがあります。文章中に、ひと組、（　）をつけましょう。（7点）

9　～～の㋐～㋒の中で、人でないものを人に見たてて表現しているものを一つ選んで、記号を書きましょう。（7点）

（　　）

この文章では、いろいろな表現方法を使って、場面の様子や人物の気持ちをうまく表しているよ。自分の表現に役立てよう。

41 テスト②

月　日

名前

始め　時　分

終わり　時　分

かかった時間　分

得点　点

1 次の文章を読んで、下の問題に答えましょう。

　学校の時間割(じかんわり)は、月曜日に国語と算数、火曜日に社会と体育というように、曜日に区切って作られています。日常生活でも、燃えないごみの収集(しゅうしゅう)は水曜日、歯医者さんの休みは木曜日というように、曜日でいろいろなことが決まっています。ですから、たいていの家では、一年十二か月、三百六十五日を曜日で区切ったカレンダーが、見やすい所にかけられています。この「カレンダー」という言葉は、英語をもとにした外来語です。「カレンダー」というよび名と曜日分けのやり方が入ってくる前、日本では、どんな言葉で日を区切っていたのでしょうか。

　今の「カレンダー」に当たる言葉は、「こよみ」でしょう。

❶ 曜日で、区切ったり決まったりしている例として、何を取り上げていますか。三つのことがらを書きましょう。（一つ10点）

（　　　　）

（　　　　）

（　　　　）

❷ 「カレンダー」は、どんな言葉ですか。（　）に合う言葉を書きましょう。（一つ5点）

〔①（　　　　）をもとにした ②（　　　　）である。〕

❸ 「カレンダー」が入ってくる前の日本で、「カレンダー」に当たる言葉は、何ですか。（10点）

（　　　　）

ただし、「こよみ」とよばれるものは、曜日分けのカレンダーと全く同じものとはいえません。昔の日本では、「うしの日」「とりの日」など、「ね・うし・とら・う・たつ・み・うま・ひつじ・さる・とり・いぬ・ゐ(い)」のいわゆる十二支(じゅうにし)で日が区切られていました。□、「立春(りっしゅん)」とか「冬至(とうじ)」とか、季節の区切り目とされる日などがあって、月ごとにそういうことを書き記した表が用いられていました。それが、「こよみ」です。十二支は年の区切りにも使われ、今も、生まれ年を「さる年の生まれ」などと言います。「立春とは名ばかりで、まだ寒いねえ。」といった会話を聞いたこともあるでしょう。

つまり、「こよみ」から「カレンダー」へと言葉が変わったことの背景(はいけい)には、日本人の暮(く)らし方の変化があったのです。

(平成23年度版　光村図書　国語六　創造　174〜179ページ　『言葉は動く』　渡辺 実)

4 昔の日本では、曜日ではなく何で日が区切られていましたか。(10点)

(　　　　)

5 □にあてはまる言葉を次から選んで、○をつけましょう。(10点)

ア(　)しかし
イ(　)さらに
ウ(　)だから

6 季節の区切り目とされる日の例として、どんな日を取り上げていますか。二つ書きましょう。(一つ10点)

(　　　　)
(　　　　)

7 「こよみ」から「カレンダー」へと言葉が変わった背景(はいけい)には、どんな変化があったのですか。(10点)

(　　　　)の変化。

「カレンダー」は日常生活に欠かせないものだけれど、「カレンダー」が入ってくる前の日本では、どうしていたのかな？

42 テスト③

月　日　名前

始め　時　分　終わり　時　分　かかった時間　分　得点　点

1 次の文章を読んで、下の問題に答えましょう。

マヨちゃんというネコを飼っている人がいた。とてもかわいいネコだった。どうしてマヨちゃんという名前なのですか、ときいたら「迷いこんできたからなのよ。」ということだった。

これは道に迷ったという場合である。でも人間は道以外にも、いろいろなことで迷う。たぶんいちばん身近で、だれにも経験があるのは、何を食べようか、というときの迷いだろう。

これがとても「切実」なことだ、と実感するのは、フランス人と一緒（いっしょ）にレストランで食事をするときである。かれらは、店に入りテーブルに着いてメニューをわたされてから、三十分くらいは平気で、思う存分（ぞんぶん）迷っている。

❶ マヨちゃんというネコの話は、どんな場合の例として取り上げているのですか。（10点）

（　　　　　）という場合の例。

❷ これが指していることがらで、（　）に合う言葉を書きましょう。（一つ5点）

①（　　　　　）、というときの②（　　　　　）。

❸ 「切実」を実感するのは、どんなときですか。（10点）

❹ フランス人は、メニューをわたされてから、どのように迷っているのですか。（10点）

迷っている。

オードブルはこれがよいかな、でもこっちもおいしそう、あ、これもよい、どうしよう、それからメインは、などなど、それぞれ好き勝手なことをわいわい言って、ついでに、別の店で食べておいしかった料理のことなどをひとしきり話しまくった末に、まだ少し迷いながら、やっと何にするか決めるのである。

かれらのこの真剣（しんけん）な迷いぶりにはいつも感心するのだが、こういう迷いは楽しい。選ぶ楽しみである。□、ほかの人から見ればどうということのないものでも、本人にしてみれば楽しいどころではない、という場合も多い。

（令和2年度版　教育出版　小学国語　ひろがる言葉　小学国語6上　32〜39ページ　『「迷う」』　日高敏隆）

5 「真剣（しんけん）な迷いぶり」の様子が書いてある部分を84ページからさがして、初めと終わりの五字を書きましょう。（句読点はふくまない。）（一つ10点）

初め……□□□□□

終わり…□□□□□

6 筆者は、この「真剣（しんけん）な迷いぶり」を、どのように思っていますか。（　）に合う言葉を書きましょう。（一つ10点）

〔いつも①（　　　）するのだが、こういう迷いは②（　　　）と思っている。〕

7 □にあてはまる言葉を次から選んで、○をつけましょう。（10点）

ア（　）さらに

イ（　）だから

ウ（　）しかし

8 どんな「場合も多い」のですか。（　）に合う言葉を書きましょう。（10点）

〔本人にしてみれば（　　　）、という場合も多い。〕

筆者は、「迷う」ときの例として、どんなことを取り上げて述べているのかな。ていねいに読んでみよう。

43 テスト④

月　日　名前
始め　時　分　終わり　時　分　かかった時間　分
得点　点

1 次の文章を読んで、下の問題に答えましょう。

　雨は、地球上のどこで降ってても、空から落ちてくる水のつぶであることにはちがいありません。しかし、四季の変化に富む日本では、降る季節や降り方によって、昔から雨をいろんな名前で呼んできました。

　春先、桜のさくころに降るのは「春雨（はるさめ）」です。六月の中ごろから七月にかけて降り続く雨は「梅雨（つゆ）」で、「五月雨（さみだれ）」とも呼ばれます。「梅雨」は、そのころの季節を表す言葉にもなっています。夏の夕方、雷鳴（らいめい）をとどろかせながら激しく降るのは「夕立（ゆうだち）」です。秋の終わりから冬の初めにかけて、空がとつぜんくもったかと思うと、さっと通り過ぎるように降る冷たい雨は「時雨（しぐれ）」です。雨と雪が混じり合ったように降ってくるのは「みぞれ」と呼ばれます。

1 次の①～④の呼び方を書きましょう。（一つ10点）

① 春先、桜のさくころに降る雨。
（　　　　）

② 夏の夕方、雷鳴をとどろかせながら激しく降る雨。
（　　　　）

③ 雨と雪が混じり合ったように降ってくるもの。
（　　　　）

④ 秋の終わりから冬の初めにかけて、さっと通り過ぎるように降る雨。
（　　　　）

2 「梅雨」は、いつ、どのように降る雨の呼び方ですか。（10点）

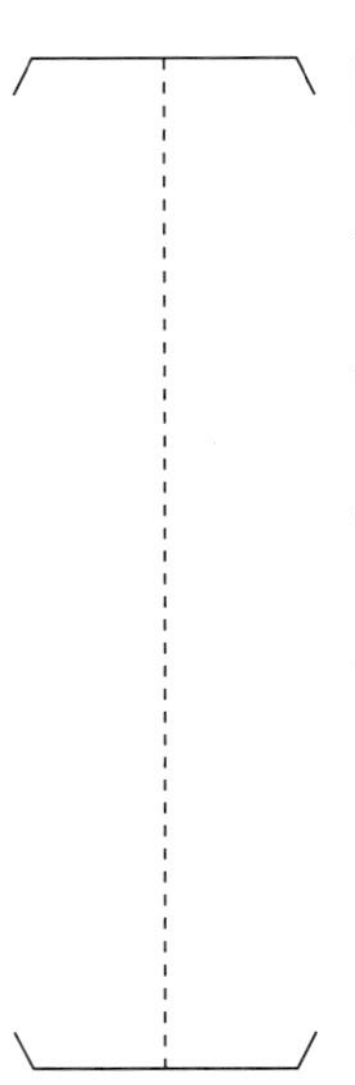

きりのように細かく、ほとんど目に見えないような雨は「きりさめ」とか「こぬか雨」とか呼ばれます。とつぜん降り出し、すぐやんでしまうような雨は「にわか雨」とか「通り雨」とかいわれます。

雨が降る様子を表す言葉もたくさんあります。「ぽつぽつ」「ぱらぱら」「しとしと」「ざあざあ」などです。

世界の多くの国々では、雨を表す言葉が一つしかありません。しかも、雨の降る様子を表す言葉も、日本ほどたくさんありません。それに比べて、日本にはなんと雨やその降り方を表す言葉が多いのでしょう。

日本に降る雨は、季節によって、それぞれ降り方に特徴があります。雨の降り方によって、人々は季節の移り変わりを感じてきたのです。「春雨」に厳しい冬から解放された喜びを感じたり、北国などでは、冷たい「時雨」に冬が間近にせまっていることを知り、寒さや雪に対する備えを始めたりするのです。

(平成23年度版　東京書籍　新しい国語六下　98〜101ページ　『雨のいろいろ』倉持保男)

3 次のように降る雨を、なんと呼びますか。二つずつ書きましょう。（一つ5点）

① きりのように細かく、ほとんど目に見えないような雨。

（　　　　）（　　　　）

② とつぜん降り出し、すぐやんでしまうような雨。

（　　　　）（　　　　）

4 〰〰の言葉は、何の様子を表す言葉ですか。（10点）

（　　　　）を表す言葉。

5 次の雨は、日本人にとって、どのような雨だといえますか。（一つ10点）

①「春雨」

［　　　　］

②「時雨」

［　　　　］

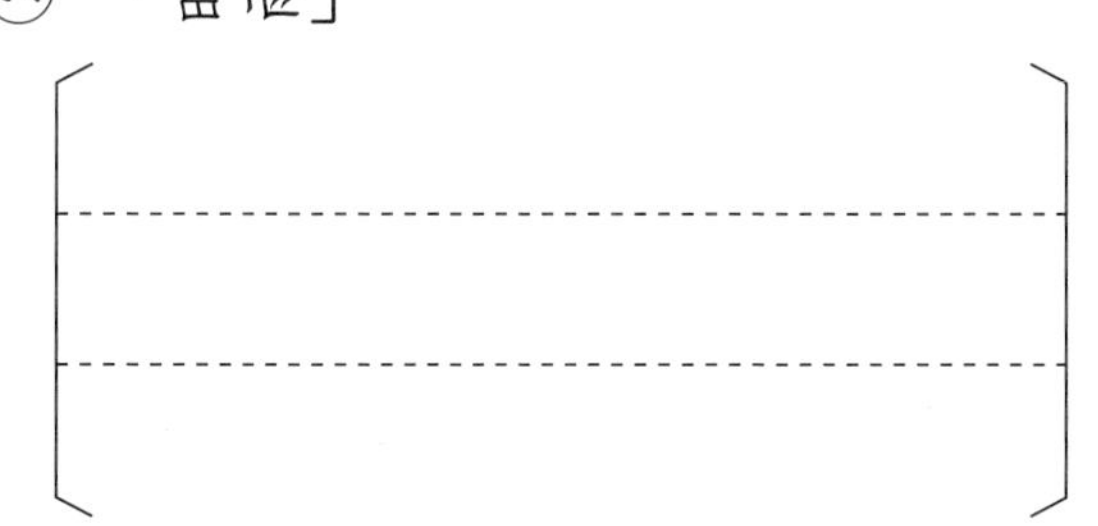

四季の変化に富む日本では、降る季節や降り方によって、雨をいろいろな名前で呼んできたんだね。

6年生 答え

言葉と文のきまり

- 文や文章を使った問題では、文章中の言葉を正解としています。
- 例の答えでは、同じような内容が書けていれば正解です。
- 〈 〉は、ほかの答え方です。
- 漢字や言葉を書く問題では、全部書けて、一つの正解です。

1 五年生の復習① 1・2ページ

1 ① こそ ② ほど ③ だけ ④ しか

2 ① 外 ② 和 ③ 漢 ④ 漢 ⑤ 和 ⑥ 外

3 ① なきがお ② ふなぞこ

4 ① 息 ② 手 ③ 足 ④ 目 ⑤ 水

5 ① 再／際 ② 性／制 ③ 努／務 ④ 敗／破

2 五年生の復習② 3・4ページ

1 ① 火・象 ② 下・本 ③ 明・信 ④ 河・粉
※順序がちがってもよい。

2 ① く ② る ③ い ④ い ⑤ かめる

3 ① 増加・表現 ② 損得・往復 ③ 丸薬・花粉 ④ 着席・救命 ⑤ 未知・無害
※順序がちがってもよい。

4 ① くださる ② うかがう ③ いらっしゃる

3 反対の意味の言葉 5・6ページ

1 ① ちぢむ ② 失う ③ 賛成〈同意〉 ④ 低下 ⑤ 少数

2 ① 増える ② 易しい ③ 借りる ④ 遠ざかる

3 ① 全 ② 北

4 ① 輸出 ② 集合 ③ 増加〈増大〉 ④ 複雑 ⑤ 直接 ⑥ 拡大

4 似た意味の言葉 7・8ページ

1 ① 賛成 ② 手段 ③ 価格 ④ 好意

2 ① 準備・例休み時間に、理科の実験用具を準備する。
② 発達・例新型車両の開発により、交通機関が発達する。

3 ① (　)(◎) ② (◎)(　) ③ (◎)(　)

4 ① ⓵ 例マラソン大会で一位になったぼくは、思わず「やったあ。」とさけんだ。
⓶ 例父は、いたずらをしている弟に「やめなさい。」と大声でどなった。
② ⓵ 例「秘密だよ。」と、妹が耳もとでささやいた。
⓶ 例勉強していた兄が、「英語は難しいなあ。」と低い声でつぶやいた。

5 和語・漢語・外来語① ページ9・10

1 ❶ 花火・共食い・草花
位取り・形見・節目
❷ 言語・会合・役者
氏名・図工・飲食物
※❶・❷は、順序がちがってもよい。

2 ❶ {□ぶっしょく ○いろもの} ❷ {□せきてい ○にわいし}
❸ {○しなもの □ぶっぴん} ❹ {□おんぱ ○なみおと}
❺ {□ふうう ○あめかぜ} ❻ {○てばた □きしゅ}

3 ❶ イ・エ
❷ イ・オ

4 ❶ 例生物 ❷ 例周囲〈周辺〉
❸ 例効果〈効能〉 ❹ 例許可

6 和語・漢語・外来語② ページ11・12

1 ❶ カ・ケ ❷ ア・サ
❸ ウ・ス・タ ❹ オ・コ・セ
❺ イ・ク・ソ ❻ エ・キ・シ
※❶～❻は、順序がちがってもよい。

2 ❶ ダンス ❷ クラス
❸ カメラ ❹ デパート

3 ❶ ポルトガル語 ❷ ドイツ語
❸ フランス語 ❹ イタリア語
❺ 英語

4 ❶ ウ ❷ ア ❸ イ

7 言葉の組み立て ページ13・14

1 ❶ おわり ❷ 味み ❸ 検さ
❹ なりたち ❺ すきま

2 ❶ 色めく ❷ 苦しさ
❸ 暑さ ❹ なぞめく
❺ 来にくい ❻ 当てにくい
❼ 行きにくい ❽ 冷たさ
❾ 時めく ❿ 若さ

3 ❶ ひっぱたく ❷ ぶっこわす
❸ ひっぱがす ❹ ぶったおれる
❺ ひっつかまえる

4 ❶ あまやどり ❷ せぼね
❸ せんろぞい ❹ かみづつみ
❺ かいしゃづとめ ❻ ふなぞこ

5 ❶ 例誕生祝いにとても高価な品をいただいて、少し心苦しかった。
❷ 例秋も深まって、木の葉が落ちるころは、なぜかもの悲しくなる。

8 仕上げドリル① ページ15・16

1 ❶ ① 最初 ② 退部 ③ 連勝
④ 容易 ⑤ 後退 ⑥ 易しい
❷ 目的
❸ バスケットボール・レギュラー・チーム

2 ❶ ① 花見・包み紙
② 満開・公園
③ シート・ルール
※①～③は、順序がちがってもよい。
❷ ① 盛る＋上がる
② 空く＋かん

9 いろいろな働きをする言葉① ページ17・18

1 ❶ ウ ❷ カ ❸ ア
❹ キ ❺ イ ❻ オ

2 ❶ ❷ ❸
ア イ ウ エ

3 ❶ 閉じる〈閉まる〉 ❷ 降りる
❸ 縦断 ❹ 豊か ❺ 収入
❻ 無害 ❼ 延長 ❽ 温暖

4 ❶ 例加わって入る ❷ 例骨が折れる
❸ 例防いで止める ❹ 例傷を負う
❺ 例決めて定める ❻ 例海の底
❼ 例続けて行う ❽ 例再び会う

5 ❶ 学習 ❷ 関心 ❸ 用意
❹ 改正 ❺ 任務

10 いろいろな働きをする言葉② ページ19・20

1 ①エ ②イ ③オ ④ア

2 ①ウ ②ア ③ウ

ポイント

①ア「舌をまく」という慣用句で、「ひじょうに感心する。」という意味だよ。③アは「言葉や態度の中に表れている。」、イは「事情を理解して、心に留めておく。」という意味だよ。

3 イ・オ・カ

ポイント

ア「おしげもなく」は「おしいと思う気持ちがない様子。」、ウ「はかばかしい」は「物事の進み具合が順調である様子。」の意味だよ。

4 ①—ウ ②—ア ③—イ ④—オ（エ）

5 ①創立 ②創意 ③独創

11 いろいろな働きをする言葉③ ページ21・22

1 ①—ウ ②—ア ③—イ ④—エ

2 ①春休み・山なみ・一週間・観察
②見える・過ごす・起きる
行く・する・過ぎる
③美しい・早い・めずらしい・短い
④で・ほど・や・たり・て・は
※①〜④は、順序がちがってもよい。

3 ①清まる ②清める ③温かい
④温める ⑤固い ⑥固まる

4 ①治す ②重なる
③減らす ④連なる

5 ①いくら ②おそらく
③まるで ④もしも

12 いろいろな働きをする言葉④ ページ23・24

1 ①ウ ②イ
③ア ④ア

ポイント

①「地道」とは「目だたないが、確実に少しずつ行う様子。」の意味だよ。

2 ①ばかり ②まで
③きり ④ほど
⑤しか

3 ①ウ ②ア ③ウ

ポイント

②ア…人から聞いた言い方、イ…おし量る言い方だよ。

4 ①ように〈ごとく〉
②ても
③なら(ば)
④ください
⑤ないだろう〈ないでしょう〉
⑥だろう(か)〈でしょう(か)〉〈か〉

13 慣用句 ページ25・26

1 ①—イ ②—オ ③—ア ④—キ ⑤—エ（ウ・カ）

2 ①手 ②首 ③足
④腹 ⑤かた ⑥胸

ポイント

体の部分を表す言葉を使った慣用句はたくさんあるよ。辞典で調べてみよう。

3 ア・ウ・カ・ク

ポイント

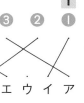

イ「ぐちをこぼす」とは「言っても仕方のないことをくどくど言う。」の意味だよ。

14 ことわざ
ページ 27・28

4 ① 頭が下がり ② 鼻にかけ ③ 歯をくいしばっ ④ 気を取られ ⑤ 足のふみ場もなかっ

1 ① ウ ② ア ③ エ

2 ① 灯台 ② 小判 ③ 金棒

3 ① 百聞 ② 九死

4 ① イ ② エ ③ ウ

ポイント
イ「後悔（こうかい）先に立たず」とは「ものごとが終わってからくやんでも、取り返しがつかないということ。」の意味だよ。
エ「良薬は口に苦し」とは「本当にためになる忠告（ちゅうこく）は、聞くのがつらいということ。」の意味だよ。

15 仕上げドリル②
ページ 29・30

1 ① ウ ② (1) 固まり (2) 固い ③ ほど ④ 手

ポイント
「手をつくす」とは「できるだけのことをする。」という意味だよ。

2 ① イ ② たら ③ 転ばぬ先のつえ（だね。）

ウ

ポイント
ウ「石橋をたたいてわたる」とは「たいへん用心深く行うことのたとえ。」に使われるよ。

16 漢字の部首
ページ 31・32

1 ① 水 ② 手 ③ お金 ④ 火

2 ① 糸・宿・シュク ② 言・司・シ ③ 阝・章・ショウ ④ 門・各・カク

---

3 ① 住・往 ② 格・閣 ③ 暑・著 諸・署

4 ① 穀 殺 ② 級 吸 ③ 輪 論 ④ 複 腹

17 漢字の使い方①
ページ 33・34

1 ① こう す この ② きょう とも そな ③ ぞう ま ふ ④ こう ふ お ⑤ さい さ ふたた ⑥ へい と し

2 ① 拡大↔縮小 ② 単純↔複雑 ③ 容易↔困難

3 ① 考 孝 ② 脈 派 ③ 城 域 ④ 券 巻 ⑤ 著 署 ⑥ 墓 暮

4 ① 干・看・箇 ② 専・泉・洗 ③ 皇・紅・効・鋼 ④ 奏・窓・層・操

18 漢字の使い方②
ページ 35・36

1 ① けいろう うやま ② かいまく ばくふ ③ すいちょく た ④ もけい だいきぼ ⑤ げんかん きび ⑥ こんなん むずか

2 ① 温 暖 ② 収 納 ③ 根 値 ④ 共 供 ⑤ 備 供

3 ① まっか ② めがね ③ まいご
④ まっさお ⑤ けしき
⑥ しみず〈せいすい〉 ⑦ たなばた
⑧ かわら ⑨ くだもの

4 ① 事故／自己 ② 想像／創造
③ 移行・以降／意向

19 同じ読み方の漢字 ページ37・38

1 ① 再／妻 ② 効／構
③ 止／留 ④ 量／測

2 ① 将 ② 奏 ③ 値
④ 済 ⑤ 秘 ⑥ 収

3 ① 供／郷 ② 就／衆
③ 移／映 ④ 勤／務

4 ① …肺|俳優が、…塩|潮風に…。
② …暖|温かい黄|紅茶を…。
③ …耕|降水量が…供|備えた。
④ …収|納めた…郵|有効に…。

20 熟語① ページ39・40

1 ① りょうがわ・ウ ② こうねつ・ア
③ ぬのじ・エ ④ こなぐすり・イ
⑤ ゆうかん・エ ⑥ ていあん・ア
⑦ しんめ・ウ ⑧ こめだわら・イ
⑨ おりもの・イ ⑩ ぎゃくてん・ア

2 ① 欠・着・失・誤・減・捨
② 収・増・補

3 ① 国連 ② 特急
③ 入試 ④ 農協

4 ① 起 ② 水 ③ 財

5 ① オ ② イ ③ ア
④ ウ ⑤ ア ⑥ オ
⑦ イ ⑧ ウ ⑨ エ
⑩ ウ ⑪ エ

ポイント
ウ「登山」は「山に登る」のように、「〜に」「〜を」にあたる漢字が下にくる熟語だよ。

21 熟語② ページ41・42

1 ① イ ② ア ③ イ
④ ア ⑤ ウ ⑥ イ
⑦ ウ ⑧ イ
⑨ ウ ⑩ ア

2 ① 校内―放送 ② 春―夏―秋―冬
③ 天気―予報 ④ 都―道―府―県
⑤ 火災―予防―週間
⑥ 交通―事故―防止―対策
⑦ 卒業―生―研究―発表―会

3 ① 性格 ② 関心
③ 機会 ④ 衛星
⑤ 回想 ⑥ 対象
⑦ 機関

4 ① 例 牛の乳 ② 例 車の窓
③ 例 球を投げる ④ 例 港に寄る
⑤ 例 運んで送る ⑥ 例 豊かで富む

22 仕上げドリル③ ページ43・44

1 ① …受|授業で…機械|会が…。…域|城下町と…。
…路池|地が…現存|在は…拡帳|張工事が…。
② だいきぼ
③ 再来年

ポイント
「さらいねん」と読むよ。

④ 表現

2 ① …利|刻む…。…善|喜んで…。
② ① てつだ(い) ② じょうず

❸ 複雑
❹（上から順に）　績〈積〉・授・張〈帳〉
誌・縮

ポイント
「責(セキ)」、「受(ジュ)」、「長(チョウ)」、「志(シ)」、「宿(シュク)」と読む漢字だよ。

23 かなづかい・送りがな① ページ45・46

1
❶ ①こうえん ②とおあさ ③おおぜい ④とうだい
❷ ①つづく ②みずあび ③ちず ④みかづき
❸ ①ちぢむ ②そこぢから ③ぬのじ ④せいじか

2
❶ 測らない・測ります・測れば・測ろう・測って
❷ 呼ばない・呼びます・呼べば・呼ぼう・呼んで
❸ 巻かない・巻きます・巻けば・巻こう・巻いて
❹ 洗わない・洗います・洗えば・洗おう・洗って
❺ 痛かろう・痛かった・痛くなる・痛ければ
❻ 久しかろう・久しかった・久しくなる・久しければ

3
❶ 営む　❷ 険しい　❸ 快い
❹ 危ない　❺ 確かめる
❻ 勇ましい　❼ 難しい

4
❶ ○　❷ い　❸ ろ　❹ せ
❺ き　❻ ○　❼ ○　❽ ○

24 かなづかい・送りがな② ページ47・48

1
❶ 明るい　❷ 合図　❸ 源
❹ 最も　❺ 夕立　❻ 耕す
❼ 物置　❽ 喜ばしい　❾ 志
❿ 建物　⓫ 逆らう　⓬ 仕える

2
こんばんは・もとづく・むだづかい・町じゅう　※順序がちがってもよい。

3
❶ 垂れ下がる　❷ 雨上がり　❸ 引き返す
❹ 聞き苦しい　❺ 降り積もる

---

❻ 読み味わう　❼ 移り変わり
❽ 待ち遠しい　❾ 向かい合わせる
❿ 疑い深く

4
❶ …ゆう［い］土地お［を］、父と訪た［訪ねた］。
❷ 書き誤まった［誤った］…捨る［捨てる］。
❸ …易い［易しい］…一つづ［ず］つ説明を補なった［補った］。
❹ 幼ない［幼い］…つまづ［ず］いて、ひざを痛た［痛めた］。

25 仕上げドリル④ ページ49・50

1
❶ ①幼い ②訪ねる ③温める
❷ ①つづ ②りょこう ③みかづき ④どお

2
❶ 近づいて・おおわれて
※順序がちがってもよい。
❷ ①ふ ②お　❸ ①辺り ②冷たい

26 文の組み立て① ページ51・52

1
❶ 主語…歌声が・述語…聞こえた
❷ 主語…ぼくは・述語…たずねられた
❸ 主語…わたしと友子さんは
述語…行った
❹ 主語…ポスターや写真が
述語…はってある

2
❶ 休んだ(ので)　❷ 鳴った
❸ 泳いでいる

3
❶ ①集めた ②かれ葉を
③強い ④風が ⑤ふき飛ばした
⑥ばらばらに
❷ ①いろいろな ②動物たちに
③森の ④植物は ⑤提供している
⑥多くの ⑦食物を

ポイント
「どんな」「どこの」「どれほどの」は、名詞を修飾するよ。
「どのように」は、述語を修飾することが多いよ。

4
❶ お祭りでにぎわう駅前の
❷ おそろしいほどの真剣な
❸ 美しい草花が一面にさいている広い

ポイント
太字の言葉をくわしくしている部分すべてに——を引こう。

27 文の組み立て② ページ53・54

1
❶ 弟が　食べた　バナナは　大きい。
❷ 虫の　鳴く　秋が　近づいてきた。
❸ これは、姉が　使っていた　かばんだ。
❹ わたしは、飛行機が　飛んでいくのを見た。

2
❶ ①花びら　②散った　③散った
❷ ①空　②うかんでいる
③雲　④うかんでいる
❸ ①犬　②ほえて
③女の子　④泣いた

3
❶ ㋑　❷ ㋒　❸ ㋐
❹ ㋐　❺ ㋒　❻ ㋑

4
❶ みんなは、ぼくが作った料理を食べた。
❷ ぼくは、兄が買ってきた雑誌を読んだ。

28 仕上げドリル⑤ ページ55・56

1
❶ ぼくは

ポイント
「主語」をきかれたら、「〜が」「〜は」まで答えるよ。

❷ (兄の打った)ボール(が)
❸ 重文

2
❶ わたしと妹
❷ 特殊な水槽から深海魚を見ることができるコーナー
❸ 水槽のすみの方(から)
❹ 例 ふだん、わたしが目にする魚とは、異質だ(と思った)。

29 文をつなぐ言葉・こそあど言葉① ページ57・58

1
❶ ア　❷ エ　❸ カ
❹ イ　❺ オ　❻ ウ

2
❶ しかも
❷ すなわち
❸ それとも

3
❶ それ　❷ その　❸ そこ

4
❶ 早くねた。だが、ねぼうをした。
❷ 店の中に入った。すると、すぐに店員がやって来た。
❸ 近くの書店へ行った。だが、今日は定休日だった。
❹ 玄関のベルを鳴らした。また、大声で呼んでもみた。

ポイント
文をつなぐ言葉のあとには、読点(、)をつけて書こう。

30 文をつなぐ言葉・こそあど言葉② ページ59・60

1
❶ と　❷ ても　❸ のに
❹ ので　❺ だり

2
❶ 例 積もった落ち葉(の)
❷ 例 一本の道
❸ 例 (森林にすむ)多くの動物・森林

3
❶ 美しい山(の)
❷ 太平洋に向かう小型の船
❸ 落ち葉や動物たちの死がいがくさってできたやわらかい

4
❶ 荷物はとても重いのに、一人で持ってきた。
❷ たくさんの荷物があったので、みんなで運んだ。
❸ 電車が、長いトンネルを通りぬけると、まぶしい日ざしが飛びこんできた。

31 仕上げドリル⑥ ページ61・62

1
❶ ①ア　②ウ
❷ それで
❸ ウ

2 ① ㋐ イ　② ウ
② ㋐ 例となり町にある本屋さん
　 ㋑ 例もっとはなれた別の町の本屋さん
③ イ

ポイント
文章中の「が」は、「だが」や「しかし」に置きかえて、二つの文に分けられるよ。

32 いろいろな言い方① ページ63・64

1 ① 川上君と／昨日　② 図書館で／明日
③ 森さんが／家から

2 ア・ウ・カ・キ

3 ① 聞　② 聞　③ お　④ ○　⑤ ○　⑥ お

ポイント
「そうだ」は接続の仕方に注意しよう。
・来るそうだ・さくそうだ…伝聞表現
・来そうだ・さきそうだ…推量表現

4 ① 例(まるで)生き物のように
② 例米つぶのように
③ 例バケツの水をひっくり返したような
④ 例青い絵の具でぬりつぶしたような

33 いろいろな言い方② ページ65・66

1 ① ( )／(◎)　② ( )／(◎)　③ (◎)／( )
④ (◎)／( )　⑤ ( )／(◎)

ポイント
①・②は「も」を使って、③・④は名詞止め(体言止め)で、⑤は倒置文にすることで表現を強めているよ。

2 ① 降ってきた、雨が。
② 見つけた、宝物を。
③ 行きなさい、向こうへ。
④ どうなるんだろう、ぼくたちは。

3 ① 平和を願わない人が〈は〉いるでしょうか。
② 争いを起こしたいなどと考えている人が〈は〉いるでしょうか。
③ 試合に負けるなど、どうして予想できましょう。
④ あの人が約束を破るなんて、どうして信じられましょう。

4 ① 例したりして遊んだ
② 例かがやいていた
③ 例体力作りだけでなく〈体力作りとともに・体力作りのほかに〉

34 いろいろな言い方③ ページ67・68

1 ① エ　② ア　③ ウ　④ ア
⑤ イ

ポイント
②「わたしは、～見た。」という文に、④「～夢は、～なることだ。」という文に変えれば、主語と述語の関係が正しくなるよ。

2 ① 母親が、赤ちゃんにミルクを飲ませる。
② 父が、ぼくに届いた荷物を開けさせた。

3 ① ぼくは、担任の先生にほめられた。
② 田中さんの提案は、議長に採り上げられた。
③ がけの岩はだは、緑色のこけにおおわれている。
④ 夏の暑さは、せみの鳴き声にいっそう強められている。

4 ① 例わたしたちの住む町に、去年図書館ができました。二年後には博物館もできるそうです。
② 例家の近くにあった公園で、よくおにごっこをして遊んだ。そこにはいろいろな草花が生えていた。

35 仕上げドリル⑦ ページ69・70

1 ① 何度も何度も
② ていねいに作り上げて完成させたケーキ。
③ イ

2 ❶ 母は、何度も起きるようにと声をかけたそうだ。
❷ 早く、自分で起きられるようになりなさい。
※「　」をふくんでも正解です。
❸ わたしは(、)どうして朝起きることができないのだろう。
❹ 早起きして、朝日を一身に浴びる朝。

36 短歌・俳句（はいく）　ページ71・72

1 ❶ 日本独特　❷ 短歌　❸ 俳句
❹ 三十一音　❺ 十七音　❻ 季語

2 ❶ たわむれ・背負いて
❷ かぎろい・かえり
❸ くれない・やわらか
❹ ちいさき・おか
❺ しず・散るらん

3 ❶ 名月・秋
❷ 五月雨・夏
❸ 雪とけて・春
❹ 赤とんぼ・秋
❺ 夕だち・夏
❻ 雪・冬

4 ❶ (3)(1)(2)　❷ (1)(3)(2)
❸ (4)(2)(3)(1)(5)　❹ (3)(1)(5)(2)(4)

37 敬語（けいご）の使い方①　ページ73・74

1 ❶ ウ　❷ イ　❸ ア
❹ イ　❺ ア　❻ ウ

2 ❶ 話される　❷ 述べられる
❸ 書かれる　❹ かけられる
❺ お話しになる　❻ お受けになる
❼ お寄りになる　❽ おつかれになる

3 ❶ お話しする　❷ お訪ねする
❸ お願いする　❹ お届けする

4 ❶ (◎)( )　❷ ( )(◎)　❸ (◎)( )

5 ❶ 帰るそうです
❷ 来るでしょう
❸ まとめましょう
❹ 思い出せません

38 敬語（けいご）の使い方②　ページ75・76

1 ❶ ( )(◎)　❷ ( )(◎)
❸ ( )(◎)　❹ (◎)( )

2 ❶ 例 おたずねします
❷ 例 ご説明します
❸ 例 おっしゃる
❹ 例 いらっしゃる
❺ ○
❻ 例 ご報告します

ポイント
❶「おたずねいたします」、❷「ご説明いたします」、❻「ご報告いたします」という言い方もあるよ。

3 ❶ いたす　❷ いらっしゃる
❸ 参る　❹ おっしゃる
❺ 申す〈申し上げる〉

4 ❶ 例 あの人は、どなたでしょう。
❷ 例 おじさんにおみやげを頂きました。
❸ 例 明日、わたしがそちらへ参ります。
❹ 例 応接間にお客様がいらっしゃいました。

39 仕上げドリル⑧　ページ77・78

1 ❶ ① 七　② 五　③ 十七
❷ ① 蛙　② 春
❸ ① 七　② 七　③ 三十一

2 ❶ ① 頂いた　② おっしゃった
❷ 思います
❸ ① 参る〈参ります・うかがう・うかがいます〉
② なさる〈なさいます〉

40 テスト① ページ79・80

1
❶ ① 冷たい ② 寄せる
❷ 三月の水・
こわい川
※順序がちがってもよい。
❸ ポチャリ(と)・キャッキャッ(と)・ザアザア(と)
※順序がちがってもよい。

ポイント
音を表す言葉は、カタカナで書くことが多いよ。

❹ 立ちすくむ
❺ ① 手が
② ノリオは
❻ 流したはずのくりの
❼ ① もらいます
② 知りません
❽ (ノリオ、ノリちゃん、……やいとをすえてやろ……。)

ポイント
ここでの( )は、母(かあ)ちゃんの言ったことにつけられているよ。

❾ ウ

ポイント
「だまっている」は、川の様子を人に見たてている表現だね。

41 テスト② ページ81・82

1
❶ 学校の時間割
燃えないごみの収集
歯医者さんの休み
※順序がちがってもよい。
❷ ① 英語
② 外来語
❸ こよみ
❹ 十二支〈ね・うし・とら・う・たつ・み・うま・ひつじ・さる・とり・いぬ・い〉
❺ イ
❻ 立春・冬至
※順序がちがってもよい。
❼ 日本人の暮らし方

42 テスト③ ページ83・84

1
❶ 道に迷った
❷ ① 何を食べようか
② 迷い
❸ フランス人と一緒にレストランで食事をするとき
❹ 三十分くらいは平気で、思う存分
❺ 初め……オードブル
終わり……るのである
❻ ① 感心 ② 楽しい
❼ ウ
❽ 楽しいどころではない

43 テスト④ ページ85・86

1
❶ ① 春雨
② 夕立
③ みぞれ
④ 時雨
❷ 六月の中ごろから七月にかけて降り続く(雨)。
❸ ① きりさめ・こぬか雨
② にわか雨・通り雨
※順序がちがってもよい。
❹ 雨が降る様子
❺ ① 例 厳しい冬から解放された喜びを感じる雨。
② 例(北国などでは、)冬が間近にせまっていることを知り、寒さや雪に対する備えを始めるための雨。

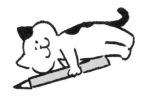

ウェブサイトでも **郵便はがき**でも ***OK!***

お客さまの声をお聞かせください!

郵便はがき 今後の商品開発や改訂の参考とさせていただきますので、「郵便はがき」にて、本商品に対するお声をお聞かせください。率直なご意見・ご感想をお待ちしております。

※**郵便はがきアンケート**をご返送頂いた場合、図書カードが当選する**抽選の対象**となります。

抽選で毎月100名様に「図書カード」1000円分をプレゼント!

くもん出版の商品情報はこちら!

くもん出版では、乳幼児・幼児向けの玩具・絵本・ドリルから、小中学生向けの児童書・学習参考書、一般向けの教育書や大人のドリルまで、幅広い商品ラインナップを取り揃えております。詳しくお知りになりたいお客さまは、ウェブサイトをご覧ください。

くもん出版ウェブサイト
https://www.kumonshuppan.com

くもん出版 検索

くもん出版直営の通信販売サイトもございます。

Kumon shop 検索

くもん出版 お客さま係 東京都港区高輪4-10-18 京急第1ビル13F E-mail info@kumonshuppan.com
0120-373-415(受付時間／月～金 9:30～17:30 祝日除く)

『お客さまアンケート』個人情報保護について

「お客さまアンケート」にご記入いただいたお客さまの個人情報は、以下の目的にのみ使用し、他の目的には一切使用いたしません。
①弊社内での商品企画の参考にさせていただくため
②当選者の方へ「図書カード」をお届けするため
③ご希望の方へ、公文式教室への入会や、先生になるための資料をお届けするため
※資料の送付、教室のご案内に関しては公文教育研究会からご案内させていただきます。
なお、お客さまの個人情報の訂正・削除につきましては、お客さま係までお申し付けください。

恐れ入りますが、切手をお貼りください。

郵便はがき

108-8617

きりとり線

東京都港区高輪4-10-18
京急第1ビル 13F
(株)くもん出版
お客さま係 行

フリガナ	
お名前	
ご住所	〒□□□-□□□□ 都道府県 区市郡
ご連絡先	TEL ( )
Eメール	@

● 『公文式教室』へのご関心についてお聞かせください ●
1. すでに入会している 2. 以前通っていた 3. 入会資料がほしい 4. 今は関心がない

● 『公文式教室』の先生になることにご関心のある方へ ●
ホームページからお問い合わせいただけます → くもんの先生 検索
資料送付ご希望の方は○をご記入ください・・・希望する( )
資料送付の際のお宛名 ご年齢( )歳

選んで、使って、いかがでしたか？

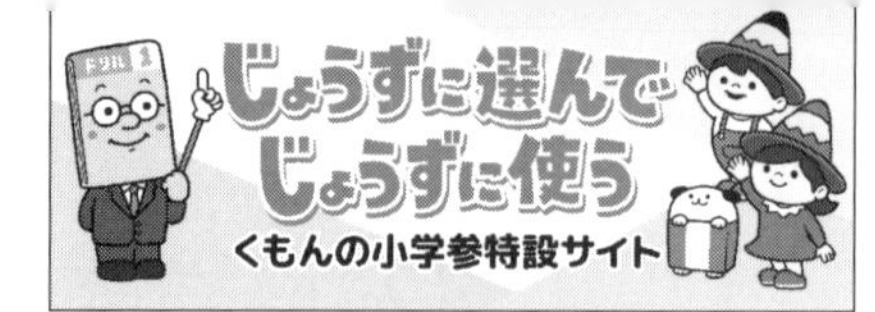

ウェブサイトへレビューをお寄せください

ウェブサイト

くもん出版ウェブサイト（小学参特設サイト）の「お客さまレビュー」では、くもんのドリルや問題集を使ってみた感想を募集しています。
「こんなふうに使ってみたら楽しく取り組めた」「力がついた」というお話だけでなく、「うまくいかなかった」といったお話もぜひお聞かせください。
ご協力をお願い申し上げます。

くもんの小学参特設サイトにはこんなコンテンツが…

カンタン診断
10分でお子様の実力をチェックできます。（新小1・2・3年生対象）

お客さまレビュー
レビューの投稿・閲覧ができます。他のご家庭のリアルな声がぴったりのドリル選びに役立ちます。

マンガで解説！ くもんのドリルのひみつ
どうしてこうなっているの？ くもん独自のくふうを大公開。ドリルのじょうずな使い方もわかります。

<ご注意ください>

- 「お客さまアンケート」（はがきを郵送）と「お客さまレビュー」（ウェブサイトに投稿）は、アンケート内容や個人情報の取り扱いが異なります。

	図書カードが当たる抽選	個人情報	感想
はがき	対象	氏名・住所等記入欄あり	非公開（商品開発・サービスの参考にさせていただきます）
ウェブサイト	対象外	メールアドレス以外不要	公開（くもん出版小学参特設サイト上に掲載されます）

- ウェブサイトの「お客さまレビュー」は、1冊につき1投稿でお願いいたします。
- 「はがき」での回答と「ウェブサイト」への投稿は両方お出しいただくことが可能です。
- 投稿していただいた「お客さまレビュー」は、掲載までにお時間がかかる場合があります。また、健全な運営に反する内容と判断した場合は、掲載を見送らせていただきます。

きりとり線

57244「小ド 6年生言葉と文のきまり」　ご記入日（　　年　　月）

お子さまの年齢・性別（　　歳　　ヶ月）　男 ／ 女

この商品についてのご意見、ご感想をお聞かせください。

よかった点や、できるようになったことなど

よくなかった点や、つまずいた問題など

このドリル以外でどのような科目や内容のドリルをご希望ですか？

Q1 内容面では、いかがでしたか？
1. 期待以上　2. 期待どおり　3. どちらともいえない
4. 期待はずれ　5. まったく期待はずれ

Q2 それでは、価格的にみて、いかがでしたか？
1. 十分見合っている　2. 見合っている　3. どちらともいえない
4. 見合っていない　5. まったく見合っていない

Q3 学習のようすは、いかがでしたか？
1. 最後までらくらくできた　2. 時間はかかったが最後までできた
3. 途中でやめてしまった（理由：　　）

Q4 お子さまの習熟度は、いかがでしたか？
1. 力がついて役に立った　2. 期待したほど力がつかなかった

Q5 今後の企画に活用させていただくために、本書のご感想などについて弊社より電話や手紙でお話をうかがうことはできますか？
1. 情報提供に応じてもよい　2. 情報提供には応じたくない

ご協力どうもありがとうございました。

くもん出版